课程思政理念下
健美操教学设计与学练指导研究

韩一非 著

SPM 南方传媒 | 广东人民出版社
·广州·

图书在版编目（CIP）数据

课程思政理念下健美操教学设计与学练指导研究 / 韩一非著．—广州：广东人民出版社，2023.12

ISBN 978-7-218-17056-5

Ⅰ.①课… Ⅱ.①韩… Ⅲ.①健美操—教学研究—高等学校 Ⅳ.①G831.32

中国国家版本馆 CIP 数据核字（2023）第 205608 号

KECHENG SIZHENG LINIAN XIA JIANMEICAO JIAOXUE SHEJI YU XUE-LIAN ZHIDAO YANJIU

课程思政理念下健美操教学设计与学练指导研究

韩一非　著

出 版 人：肖风华

责任编辑：马妮璐
责任技编：吴彦斌　周星奎
装帧设计：马静静

出版发行：广东人民出版社
地　　址：广州市越秀区大沙头四马路 10 号（邮政编码：510199）
电　　话：（020）85716809（总编室）
传　　真：（020）83289585
网　　址：http://www.gdpph.com
印　　刷：北京亚吉飞数码科技有限公司
开　　本：710mm×1000mm　1/16
印　　张：13.5　　**字　　数**：214 千
版　　次：2024 年 4 月第 1 版
印　　次：2024 年 4 月第 1 次印刷
定　　价：78.00 元

如发现印装质量问题，影响阅读，请与出版社（020-85716849）联系调换。
售书热线：020-87716172

前　言

课程思政是我国针对高校教学提出的一种具有创新精神的教育理念，是针对我国当前的发展形势以及社会对人才的需要，专门提出的加强对高校学生进行全方位思政教育的一种指导思想。健美操是高校体育教学中的一项重要组成部分，在操类课程中具有较强的代表性，尤其受到众多女生的喜爱。而且，健美操在社会大众中的普及度也较高，具有广泛的群众基础，因此，对健美操教学进行课程思政改革将会对我国产生深远的影响。基于此，作者在查阅大量相关著作文献的基础上，精心撰写了本书。

本书共有七章内容，第一章从理论层面阐述了课程思政的内涵和意义所在，并对课程思政的建设、发展与实施展开了深入的分析。第二章主要对健美操的基本知识展开研究，包括健美操的生理价值、心理价值、德育价值和社会价值几个方面，这体现出健美操在高校体育教学中对人才全方位的教育和影响。第三章探讨了在课程思政理念下健美操教学的现状、发展、意义，以及对未来改革的建议。课程思政是对高校教育体系的一次全面改革，能够从根本上改善当前高校教育只重视专业教学而忽视对学生思政水平培养的现状。第四章和第五章主要针对高校健美操教学设计展开研究，健美操的教学自有一套比较成熟和稳定的体系，包括课程设计理论、程序、模式等，融入思政元素之后，意味着对健美操课程的一次全面优化，包括教学目标、教学原则、教学内容、教学方法、教学评价，即对健美操课程全面地融入思政元素之后的一次彻底的课程改革。第六章和第七章分别以健身健美操和竞技健美操为例，对学练部分展开详细分析，对它们的基本动作、成套动作做了较为全面的讲解，同时还特别对竞技健美操的难度动作以及表现力做了学练指导，希望对我国高校健美操教学的建设和发展起到一定的促进作用。

总体而言，本书具有以下几个特点。

第一，系统性。本书对思政理念下健美操教学进行了纵横两向的分析，具有明显的系统性特点。比如从纵向来看，对健美操的现状、发展以及未来建设进行了充分的展望；从横向来看，对课程思政视角下健美操的教学目标设计、原则设计、内容设计、方法设计以及评价设计进行了全面的研究，对健美操的教学发展进行了系统性的改进。

第二，时代性。课程思政的提出具有一定的时代性背景，它是改革开放后随着国家的发展和社会的进步，我国政府根据国家发展战略对人才培养提出的更高要求，希望新时代的人才不仅要具备全面扎实的专业知识和能力，还应该具有较高的思政水平，如此才能适应时代的发展。

第三，创新性。课程思政是我国高校教育开展的一次大胆创新，是对以往教学形式的重要革新。过去的思政教育都是以思想政治课的形式进行，它的特点是理论性强，但是与学生的生活实际相脱离，而课程思政的提出很好地弥补了这一不足，使学生能够在各个专业课的学习中都能进行鲜活生动的思政学习，对全面提高学生思政水平具有重要意义。

总之，本书重点研究我国健美操在课程思政理念下的教学设计和学练指导，并且做到系统性、时代性和创新性的尝试，符合国家对未来人才要全面发展以及具备较高思政水平的要求。希望本书能够促进我国高校健美操课程思政教学设计的发展。

本书在撰写过程中参考并借鉴了很多专家、学者的研究成果，在此表示诚挚的感谢。由于作者水平有限，书中难免有不妥与疏漏之处，敬请广大读者批判指正。

作　者

2023 年 4 月

目　录

第一章　课程思政理念与建设

课程思政理念是高校课程建设的指导思想，是国家对人才培育的重要环节。本章将从课程思政的内涵、课程思政的意义、课程思政育人体系的建立、课程思政建设与发展以及体育课程思政与实施分别展开阐述。

第一节　课程思政的内涵

课程思政是我国高等院校教育的一种独特教育理念，是对新时代人才培养提出的新要求。本节主要讲解课程思政提出的历史背景以及其含有的深刻意义。

一、课程思政提出的背景

（一）思政教育的意义

我国的高等院校一直以来都承担着为国家培育优秀人才的使命，即使在战乱年代都不曾停歇。进入新时代以来，国内外的环境发生了重要的转变，我国逐渐从发展中国家向发达国家迈进。在这样的重要历史时期，对整个教育系统尤其是高等院校都提出了更高的要求。人才是一个国家安身立命的重要根基，而对人才的思政教育更是教育的重中之重。

思政是高等教育中非常有代表意义的一个重要部分，将思政教育贯穿高等教育的始终是国家培养人才的必然要求。

（二）思政教育的提出

到目前为止，课程思政已经经历了三个发展阶段，分别是：2005—2009年在上海试执行的“两纲教育”、2010—2013年开始全面推行的“德育一体化”教育和2014年至今形成的成熟的思政课程教学体系。

2016年12月，习近平总书记在主持政府工作会议中特别强调了高校思想政治教育的重要性，并指出思想政治理论课要坚持在改进中加强，提升思想政治教育的亲和力和针对性，以满足学生成长发展的需求和期待，使各类课程与思想政治理论课同向同行，形成协同效应。

习近平总书记的这段讲话为高校的工作指明了方向，尤其是关于思想政治的教育工作，提出了特别的要求。这足以证明思政课在高校的教学中占有非同寻常的地位，是人才培育的基本前提。此后，思政教育成为我国高校人才培养和课程教育的重要指导思想。

（三）思政课程的时代背景

思政课程的提出还与当时的时代背景有着密切的关系。21世纪以来，经过改革开放40年来的建设与积累，我们国家在各个方面都取得了飞跃式的发展，这不仅进一步凝聚了民族自信心，而且让世界各国不禁对中国的强大产生敬畏之情。但是国家的发展之路仍然充满挑战，为了实现中华民族的伟大复兴，为了实现从大国向强国的转变，未来的路还任重道远。正因为此，国家对人才的培养也提出新的要求。未来，高校学生仅仅拥有知识、技能和学历是远远不够的，国家已经过了快速发展阶段，今后需要的人才不仅要具有过人的才能，而且还应具备过硬的思想政治水平。

因此，国家提出了“课程思政”的新型教学模式。课程思政主要是指以强化思政教育为目的，在各个学科内都要有机地融入思政教育内容，从而一改往日生硬的思想道德和政治水平培育的方式。

二、课程思政概念的界定

课程思政是对高校人才思想政治水平的一种基础教育，是将科学的、普世的政治观和思想潜移默化地内化到学生的日常学习和生活中，从而指导他们今后的工作和人生的选择。而且，当代青年学生由于出生、生长在新中国经济飞速发展时期，他们从小生活在社会和平、稳定，生活安稳、物质充沛的环境中。一般而言，过于安逸的生活境遇会让人从精神上产生懈怠情绪，长远来看，这并不利于我国持续地发展。因此，国家需要在高校教育中加强对青年学生的思政水平的教导，促使他们形成正确的价值观和健全的人格。在具体实行的过程中也显示了其优越性，并继续在目前的思政教育中发挥着重要的作用。

由于学界对课程思政的概念一直没有得出明确统一的界定，这种情况对于高校实行课程思政工作也带来一定的障碍。但是，目前存在的对课程思政的概念界定比较有代表性的一个，是北京大学孙蚌珠教授的观点："思政课程是思想政治理论教育的课程体系，而课程思政则是教学体系。"这种说法很好地揭示了课程思政和思政课程之间的区别，对思政课程的概念进行了界定。

三、课程思政的要求

（一）以高校党委为政治核心

思想政治教育工作属于党委的工作范畴，因此，高校的课程思政应该以校党委为核心，负责开展各个院系和学科的思政教育内容和安排。以高校党委为政治核心开展课程思政具有以下几方面的优势。

（1）高校党委部门具有管党治党的主体功能，可以调动学校的行政、教学等各个部门的人力资源、物力资源，具有最高的众筹权利，因此可以将课程思政工作彻底地进行。

（2）高校党委在思想建设、组织建设和制度建设等方面具有明显的优势，是最有能力执行课程思政的部门。

(3)高校党委作为课程思政建设的主体,能够准确把握党和国家对课程思政的精神,能够最有成效地切实贯彻和落实课程思政的要求。

(二)发掘课程中的思政资源

根据课程思政指导思想的核心要求,在各个院系的专业课程中进行课程思政的优化,要求教师在授课过程中不仅教授专业知识,而且要将思想政治与专业课知识融会贯通、有机地结合,让学生得到全面的成长,使“教书”和“育人”完美地结合,形成一种科学有效的教学模式。但是要实现这一目标,达到理想的效果,需要教师选择最合适的角度,与思政内容相结合,采取合适的方式进行教学。

这就需要教师提高自身的专业修养和思政水平,在日常的工作和学习中,不断拓展自身的知识和视野,在努力提升专业能力的同时,还要注意加强对思想政治的学习,并将其整合进自己的教学内容中。在掌握和整理学科知识体系的基础上,将德育内容放在重要的位置,让学生在专业知识的学习中提升思政知识和意识。

(三)注重教师队伍的建设

课程思政教学模式的推进,除了需要根据国家的精神指导,以及校党委的具体统筹安排之外,更重要的是加强教师队伍的建设,因为教师才是实践思政课程的第一人,在他们的讲台上真正落实国家课程思政的要求,将思政融入专业知识的效果如何,学生对课程思政的接受程度如何,将直接由教师的实际授课所决定。因此,教师的思政水平至关重要,为了提升教学质量和教学效果,必须从教师队伍的建设抓起。

(四)协同发挥“课程思政”和“思政课程”的作用

课程思政教学模式是对原来强调专业教学的模式进行优化和创新,将思政内容融入专业课程中,在各个科目的教学过程中,引导学生从一个崭新的视角观看世界,这是对学生发散思维的训练。与此同时,课程思政还需要与思政课程相结合,会产生更好的效果。加强两者之间的交流,协同发挥两者的作用,有利于达到更加理想的育人效果。

第二节　课程思政的意义

课程思政对我国高等院校的人才培育而言具有深远的意义。未来人才的竞争会异常激烈，社会对人才的要求也会越来越高，而过往对人才的需求由于受到历史、国情等多方面的原因，更加注重对人才的专业技能的培养，随着国家发展战略的调整，对人才也提出新的要求。本节将深入研究课程思政对国家发展和人才成长所具有的深远意义。

一、课程思政是立德树人的必然发展路径

（一）是教师开展思政教育的必然途径

立德树人是人才培育的根本，是高校教育建设的基本指导思想。在高校的思想政治工作中，对人才的思想政治教育一直都是非常重要的环节，但是之前的思想政治教育，仅仅是通过思政课程来实现。一个人思政水平的养成和提高，需要漫长的过程，仅靠一门课显然是远远不够的。因此，在落实国家提出的立德树人根本任务的过程中，提出课程思政的创新理念，将思政有机地融入每一门专业课程中，这才是全面提高人才思政水平的重要途径。

（二）是人才开阔视野的必经路径

高等院校是学生进入社会前的最后一站，是为日后参加社会建设做准备的重要阶段。经过多年的挑灯夜战与寒窗苦读，莘莘学子已经掌握了一定的专业知识和技能，憧憬着进入社会后要开拓出一番事业。然而，若要真正成为对社会有用的人才，仅有专业知识还远远不够，因为社会竞争是多元的，也是复杂的。因此，如果青年学生不具备坚定正确的

思想政治觉悟，将会面临许多的考验，甚至在不经意间就误入歧途。因此，高校学生在正式进入社会之前，迫切地需要一个有效途径来全面地提升其思政水平。

二、课程思政是思政教育的必然发展方向

最初的思政教育都是以思想政治课为主要形式开展的，因此，更多的是对思想政治的理论内容进行深入讲解。然而，仅仅“纸上谈兵”并不是理想的思政教育。因为学生需要在各种具体的、生动的环境中才能深刻理解思政的真正内涵。因此，课程思政的理念就是针对原来这种理论性较强、但实际效果欠佳的局面而提出的。

通过课程思政模式，将思政教育融入各个学科的教学中，在专业课中深入挖掘思政元素，将系统的思政教育碎片式融入专业知识的学习中，这对思政教育的应用性和持久性有益。

三、课程思政是培养高级人才的必然选择

未来社会，需要的是全面发展的高级专业人才，也就是说，人才不仅要具备专业知识与技能，还要具有独立的人格和坚定的思政水平。能够在复杂的社会竞争中保持强势发展状态，这就需要在高校学习期间接受立体的、全面的教育，仅靠书本知识显然并不能满足高级人才的发展需要。

第三节　课程思政育人体系的建立

课程思政体系是我国高校教育思想的一次创新，是对教育改革的一次大胆尝试，同时也需要从头开始建立一个全新的立德树人的体系，并且要具有一定的系统性和基础性，要能够满足绝大多数高校的教学实际

的需要。这一教育体系(图 1-1)包括了课程思政目标体系、内容体系、方法体系、评价体系和保障体系等内容,本节将对此逐个进行分析。

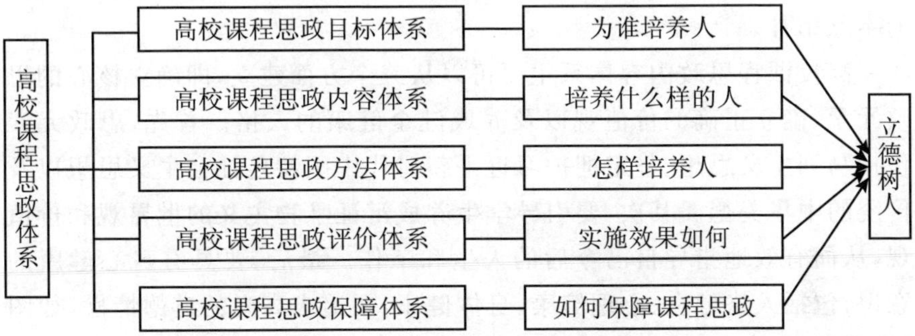

图 1-1　高校课程思政体系①

一、课程思政目标体系

在构建课程思政育人体系之初,首先要明确育人的根本目标是什么,即回答要培育什么样的人才、人才要具备哪些素质等问题。通过明确这些最根本的问题,能够更有效地制订相应的教学计划和方案,从而指导教师该如何执行课程思政的教学活动。

对于不同学科、不同专业的课程,教师在构建目标体系时应融合思政理念元素,并争取选择多个不同的处理方法,合理明晰地确定课程思政目标的边界和归属,形成多层级的课程思政目标群,从而实现分类设置、分类管理、协同育人的目的。

二、课程思政内容体系

思政课程的内容体系要根据育人目标以及高校自身的专业设置情况,创建高校课程思政的教学内容,强化学生的思想政治意识,要拥有中国特色社会主义理想信念,引导学生形成科学的世界观、价值观

① 向延平．高校课程思政体系研究[J]．滨州学院学报,2021,37(01):66-70.

和人生观，坚定社会主义的政治观。无论所学的专业是什么，但是课程思政的内容系统是一致的，都是围绕培育学生养成坚定的社会主义核心价值观，培养博大的爱国、爱党的信仰，具有勇于为社会建设做贡献的奉献精神。

高校课程思政内容体系主要可以从三个方面建立，即确立核心的思政元素、确立正确的价值观以及养成健全健康的人格。首先，思政元素包括马列主义思想、坚定拥护习近平新时代中国特色社会主义思想以及传统的中华美德。其次，要引导学生养成辩证唯物主义的世界观和价值观，从而有效地指导自己今后的人生和工作。最后，要具有身心健康的意识，包括人格健全、心理健康、身体健康，要追求高尚的道德情操，如图1-2 所示。

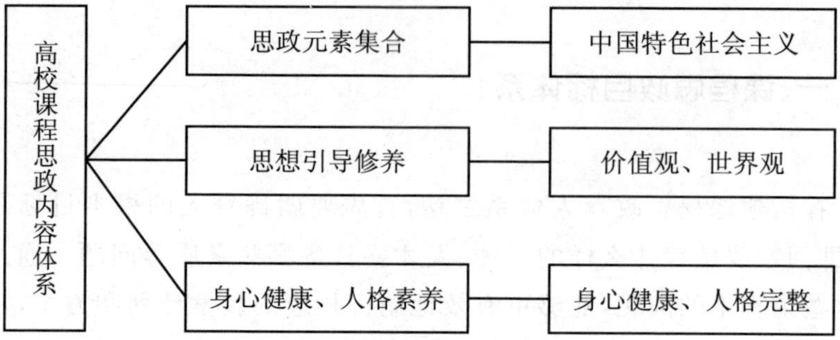

图 1-2　高校课程思政的内容体系

三、课程思政方法体系

在确立了目标体系、内容体系之后，接下来就要落实方法体系。好的目标可以对教学起到指引的作用，合适的内容体系能够保障目标的实现，而科学有效的方法体系是落实目标和内容的具体方式。课程思政方法体系包括完善专业课教学大纲、调整专业课教学内容、创新专业课教学方法、优化专业课程体系、优化专业实习实训实践、优化专业教师队伍等高校课程思政方式方法与路径途径，实现高校专业课程与思想政治课程深度融合且同向同行，使高校专业教育和思政教育形成无缝对接，破解高校专业教育和思政教育“两张皮”的难题，见图 1-3。

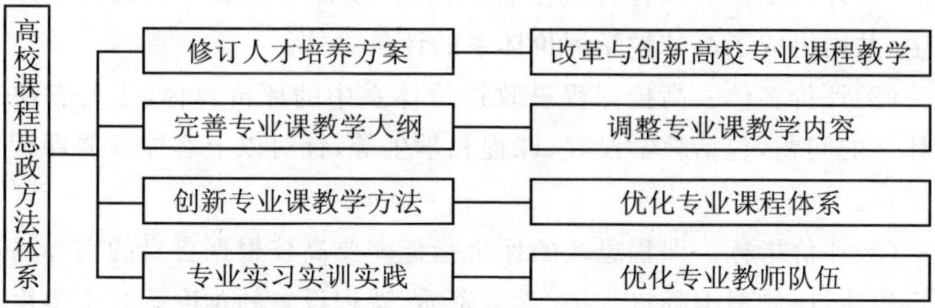

图 1-3 高校课程思政方法体系①

四、课程思政评价体系

评价体系主要解决怎样评价课程思政实施效果问题，构建包括评价主体、客体、指标和方法等科学实用的高校课程思政评价体系，破解谁评、评谁、怎么评、评效等难题。新时代我国高校课程思政评价体系正面临着从一元评价体系转向多元评价体系、从结果评价转向过程评价、从行政化评价转向现代系统评价模式的转型，见图 1-4。

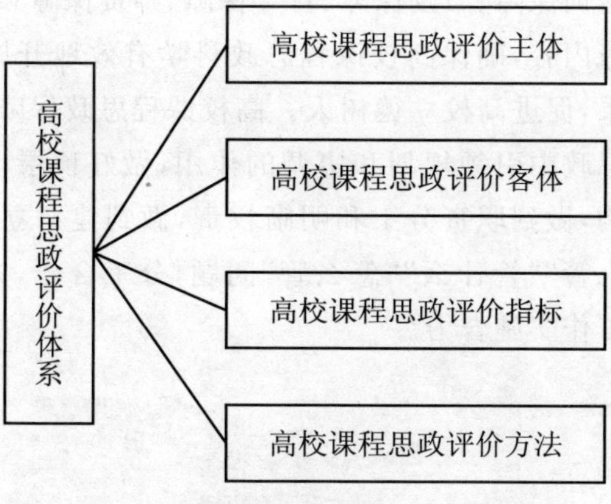

图 1-4 高校课程思政评价体系

① 向延平．高校课程思政体系研究[J]．滨州学院学报，2021，37(01)：66-70.

（1）评价主体。教育行政主管部门、高校课程思政主管部门、教师、学生，共同组成了高校教学评价体系的评价主体。

（2）评价客体。高校课程思政评价体系中的评价客体，主要解决评价什么的问题，包括教学设置、课程和学生等，针对以上客体开展课程思政评价。

（3）评价指标。课程思政的评价指标需要高校根据自身的实际情况进行构建，比如根据师资水平、学生资质、课程设置的难度等几个维度作为主要的评价指标，并根据评价指标的重要程度赋予指标权重系数。

（4）评价方法。课程思政评价方法主要是通过查阅资料、听课、访谈、调研等定性方法对高校课程思政是否开展、怎样开展、效果好坏等进行定性评价，或者通过数据收集和数据处理、数据分析等方法进行定量评价。

五、课程思政保障体系

保障体系主要解决如何保障高校课程思政实施问题，包括政策保障、制度保障、培训保障、激励保障、督导保障、师资保障和经费保障等高校课程思政保障内容，确保高校课程思政科学有效地开展，提高高校课程思政实施效果，促进高校立德树人。高校课程思政保障要重点明确领导在高校课程思政中引领规划和协调的作用，做好顶层设计，明确领导机构和组织机构，做到职责分工和明晰权责，做到建章立制和理顺体制机制，解决“谁来管”“管什么”“怎么管”问题，分工合作，齐抓共管，形成高校课程思政工作实施合力。

第四节　课程思政建设与发展

课程思政的建设是一个长期过程，需要不断地尝试与实践，本节将对课程思政的建设和发展展开分析。

一、课程思政建设的必然性

（一）课程思政建设的内在逻辑必然性

课程思政建设是高校教学发展的必然选择。首先，高校学生即将走进社会，此时虽然他们在专业知识和技能方面已经接受了足够的训练，具备了扎实的基础，然而在思想政治方面还有待提高，而青年正是学生人生中稳定世界观和价值观的关键时期。然而，思政水平的发展和提高并非一朝一夕就能实现的，也并不是只靠学习书本知识就能获得的能力。其次，一个人的思政水平体现在生活的方方面面，课程思政则恰好提供了这样的机会，让学生在日常的学习和生活中，从不同的角度都接受思政的教育和引导，进而逐渐形成自己的认识、理解和思考。

由此可见，课程思政建设具有内在的必然性，学校和教师在加强对学生的思政教育时，除了正常开展思政课程之外，还要打开思路，通过充分挖掘各类课程的思政教育元素，促进各类课程与思政教育的有机融合，从而扩展思想政治教育内涵及外延，实现培育具有较高思政水平的新时代人才的目标。

（二）课程思政是隐形思政教育的必然

由于思政教育并非如其他专业课程那样理论与操作都有明晰的方法和内容，课程思政是在各个专门学科与思政之间架起无数条隐形的桥梁，相比以往思政课程的“孤岛式”的教学，显然更为复杂，也有更多的探索空间。通过全方位地构建课程思政的体系，将思政教育内容贯穿在整个教育过程中，实现鲜活、生动、立体的思政教育模式。深入挖掘各个课程的思政教育资源，将思想政治教育贯穿在整个教育教学过程中。隐而不见地对高校学生的世界观、人生观、价值观进行塑造，帮助他们确立和掌握辩证唯物主义的观点和方法。

总之，相对而言，思想政治理论课有固定的课程资源、教学内容和教育教学方法和要求，体现为显性教育。课程思政教学则蕴含在其他各个学科的课程中，形成隐形的育人资源，两者相互促进，共同构成高校重要的思政教育体系。

二、课程思政建设的路径

（一）强化对课程思政的认同感

系统地构建课程思政是高校培养符合当前社会建设人才的关键，因此，需要高校上上下下所有人员，包括管理层、教职工、学生等都对此产生深深的认同感，能够正确理解课程思政的价值与深刻内涵。

首先，应该让校内的所有教育资源形成合力，对课程思政有正确的、统一的认识。课程思政的根本就是从方方面面对学生进行思政引导和教育，因此，需要在高校内进行全方位的价值统一，对社会主义核心价值观以及人才培养观念都达成一致的认识，并且能够将这一价值观有机地融入教育的各个环节中，切实落实培养时代新人。

其次，课程思政的精髓就是将社会主义核心价值观延伸到教育的每一个环节，让学生在一个立体的思政环境下浸染和探索，而不仅仅靠思政课孤岛式的理论教育来实现。因此，高校在校园文化建设、教师培育以及课程安排方面，都要有意识地融入思政元素，实现对学生思政观念的强化作用。

（二）完善课程思政的保障机制

课程思政体系的构建工作是一项复杂的系统性工程，需要高校根据自身的实际情况，尤其是师资力量和学生的综合水平，确定切实可行的建设目标，制订完整的课程思政建设方案，确保课程思政建设工作的高效开展。

首先，完善相关规章制度，为课程思政建设提供制度保障。高校应优化教师评价体系，将教师实施课程思政的情况纳入评价内容中，并将评价结果与是否续签教师聘用合同、评奖评优、职称评定等挂钩；高校还应完善课程思政师资队伍管理机制、课程思政科研项目申报制度、课程思政示范课程评选制度等。

其次，成立专门负责课程思政建设的机构，确保课程思政建设工作有序推进。具体包括三方面内容：其一，成立课程思政建设领导小组，构建各部门协同合作的工作机制；其二，构建课程思政研究中心，深入研究在协同育人视域下开展课程思政建设工作的关键与核心问题；其三，组建专门的课程思政教研小组，推动课程思政研究成果落实在实践中。

最后，高校的课程思政领导小组应协同各要素共同发挥作用，构建课堂教学与实践教学、思政教育与专业教育等多维度的大思政育人格局，确保思政教育各环节紧密衔接，全面引导学生价值观念，形成思政育人最大合力。

（三）选择课程思政的重要着力点

每所高校的情况有所不同，在构建课程思政体系时，首要任务是寻找自身发展的着力点，扬长避短，选择一个最合理的路径开始建设将收到事半功倍的效果。将思政的显性教育与隐性教育有机结合，不仅要培养学生的专业素质，还要在专业发展的过程中加强价值引领和精神导引，培养学生具有坚定的政治信仰和人文情怀。因此，课程思政是教师铸魂育人的重要着力点。铸魂育人不仅是高校思想政治理论课遵循的价值逻辑，也是高校课程思政建设要遵循的价值逻辑。

（四）构建各学科教师互动交流机制

要实现课程思政的完美融合，还需要高校各学科的教师实现无障碍的交流互动，这就需要高校搭建一个有效的平台，促进教师能够自如地与各个学科的教师进行交流，不断完善自身的知识体系和教学方式，加强业务交流，彼此促进，承担起育人的使命。所以，高校应帮助教师破除传统思政教育仅是思政教师的责任这一错误理念，推动其在立德树人根本任务的指引下树立协同育人理念。

首先，高校应定期组织教师开展座谈会，打造各课程教师常态化交流机制，使思政教师、专业课程教师与通识课程教师共同参加座谈会，为各课程教师提供分享课程教学内容、教学开展方式的平台，并组织其共同挖掘各课程中蕴含的思政育人元素，使每一位教师都切实参与到促进课程发挥思政育人价值的工作中。

其次，高校应鼓励各课程教师互相听课，了解其他课程教学内容与特点，深化教师对其他学科领域的理解和认知，拓宽教师知识广度，提高教师专业水平。

最后，构建各课程教师相互辅助教学的机制，如鼓励专业课程教师在教学中根据专业特点与自身知识结构有选择地讲解思政教育内容，并邀请思政教师协助专业教师讲授与马克思主义理论、党的最新方针政策等有关的内容，充分发挥专业课程的思政育人价值。

第五节　体育课程思政与实施

体育课程的思政教育是在高校课程思政的基础上，根据体育教学的独特性，确立思政目标、思政内容、方法、评价和保障方式以及实施。本节将对此具体展开分析和研究。

一、体育课程思政的内涵

体育教学本身就蕴含着对学生德、智、体、美全面培养的目的和功能，而体育课程思政是在原来的基础上，加强了思政的比重，拓展了思政教学的途径，在体育教学的各个环节，增加思政的内容，帮助学生从更加全面的角度思考思想政治问题。在体育教学的技能训练、团队协作、竞赛参赛等多个环节都能够恰当地融入思想政治觉悟的教育，使思政教育更加立体、生动和鲜活，一改往日体育教学仅仅从塑造学生意志品格的角度实施思政内容的刻板方式。通过将思想政治教育元素、价值观、世界观以及高尚的社会主义道德情操等融入体育教学的课堂中，潜移默化地对学生的思想意识、行为举止产生影响。

（一）体育课程思政的目标

体育课程目标是课程实施的出发点和归宿，体育课主要以体育实践为主要形式。在体育课堂上，体育教师教授和指导学生进行体育技能、体育活动的实践活动。有的体育训练强调对人的坚毅品质的提升，有的体育活动强调团队的协作精神和奉献精神，有的体育竞赛活动强调培养学生的不懈拼搏的精神，因此，体育课程思政应该以学校学年、学期的体育教学内容为基础，设定思政课程的教学目标。

总之，各个高校根据自身体育教学的计划和安排，灵活设定课程思政的教学目标，只要核心不偏离国家对课程思政的教育方针即可。

（二）体育课程思政的协同性

体育课程思政主要是根据学生在体育实践中，以他们所感知的内容进行思政方面的引导，从而提高学生的思政意识和水平。和其他学科相比，体育课更注重实践，而其他课程则主要以理论学习为主，因此，体育课程思政与其他课程的思政恰好形成协同效应。青年学生在其他课堂上获得的思政理念和意识，主要是从理论出发的，而体育课程思政则主要是从实践中感知到的，两者相辅相成能够帮助学生获得完整的思政意识和理念的训练。

（三）体育课程思政的结构

体育课程思政还要注意对结构的建设，即要明确课程中知识技能讲授、价值的塑造和能力培养的教学目标，并且将这些目标进行整合，形成统一多元的知识体系。体育课程思政要求教师要在体育课堂上，带领学生一起积极探索体育知识和技能，感受体育运动的无穷魅力，同时还要灵活地与学生的日常生活方式相结合，比如指导学生将体育课上学到的技能，在课余生活中进行锻炼，逐渐养成终身体育的意识习惯和能力。另外，在这一过程中，还要根据实际情况塑造学生的价值观，回应学生在学习、生活、社会交往和实践中所遇到的真实问题和困惑，从而有结构性地、生动鲜活地对学生进行思政教育，对学生产生积极的影响。

二、体育课程思政的实施

（一）体育课程思政的显隐结合

体育的教学由于主要以体育教师的口头讲述或者观看视频为主要形式，而思政教学的内容也隐含在教学实践的过程中，鲜少有针对思政内容的长篇累牍的讲述。除了对提高学生意志品质有正面的教导之外，主要以隐含的形式进行。比如贯通在体育实践过程中的价值观、世界观的教导就是隐含在体育活动实践之内的，把政治认同、国家意识、文化自信、人格养成等思想政治教育导向体育课程的知识、技能教授中，实现显性与隐性教育的有机结合。

（二）深化体育课程思政的教学设计

体育课程思政相对其他学科而言，具有一些不同的特性，要将课程思政融入当前高校体育课程中，并不是仅仅靠体育教师在课堂上说说那么简单，而是要严格遵循国家对课程思政的指导精神，根据高校自身的教学实际情况，以及教师自身的思政水平，设计课程思政的教学内容、教学方法和教学评价。在实际体育授课中，体育教师还要密切观察学生的情绪、状态和接受能力，灵活调整教学方法和教学内容，选择最适合的思政内容融入体育教学中。

第二章　健美操的基本知识与多元价值解析

尽管与传统的体育运动相比，健美操的发展历史并不算很久，但是由于它在教学、健身以及竞赛领域都具有自身的优势和不可替代性，因此在世界各国都得到了广泛的传播，并发展出较为完善的知识系统，在社会许多方面都产生了重要的影响。因此，本章将从健美操基础知识的科学认知、健美操的生理价值、健美操的心理价值、健美操的德育价值以及健美的社会价值进行阐述。

第一节　健美操基本知识的科学认知

健美操在高校体育教学、大众健身以及竞技体育领域都占有非常重要的位置，因此，在正式进行教学之前，有必要让学生掌握健美操的基本知识，本节主要针对健美操的概念、属性、分类和基本术语进行介绍，通过掌握这些基本知识有助于学生打好基础，进而更好地发展健美操技能。

一、健美操的概念

健美操是融音乐、体操、舞蹈、美于一体，以身体练习为基本手段，以有氧运动为基础，通过徒手、手持轻器械和用专门器械的操作练习达到增进健康、塑造形体、丰富生活、陶冶情操的一项新兴娱乐、观赏型体育运动项目。①

二、健美操的分类

健美操兴起于大众健身及娱乐活动，随着健美操运动的不断发展，逐渐融入了表演和竞赛的元素，健美操的内容与表现形式越来越丰富和多变，分类方法也逐渐增多，如图 2-1 所示。

三、健美操的特点

健美操有着丰富的文化内涵和特点，下面简单分析健美操的几个基本特点。

（一）广泛适用性

健美操是健身美体的重要运动项目之一，它与现代人追求身心健康和追求美的需要是相符的。健美操音乐风格激昂，振奋人心，在音乐伴奏下进行健美操锻炼，能够疏通筋骨、愉悦身心，体验欢快奔放的热烈情感。此外，健美操对场地没有太高的要求，负荷强度可大可小，有专门针对不同年龄群体和职业群体创编的健美操套路，练习形式多样，因而以其广泛的适用性受到了大众的青睐。

（二）时代感和律动性

健美操运动作为一项时尚流行的健身健美运动，是体操、舞蹈和音乐的有机统一体，特色非常鲜明。健美操创编者在创编过程中多将时代感强的时尚体操、现代舞蹈、现代音乐（摇滚、爵士等）作为素材，具有十足的律动性和强烈的时代感。

---

① 徐裴，韩颖，徐立宏．高校时尚健美操运动教学理论与实践[M]．北京：光明日报出版社，2015.

- 健美操
  - 健身性健美操
    - 按人体解剖部位分
      - 颈部健美操
      - 肩部健美操
      - 手臂健美操（手腕、小臂、肘关节、上臂）
      - 胸部健美操
      - 腰腹健美操
      - 髋部健美操
      - 腿部健美操（踝关节、小腿、膝关节、大腿）
    - 按目的任务分
      - 形体健美操
      - 姿态健美操
      - 节奏健美操
      - 减肥健美操
      - 医疗保健健美操
    - 按练习形式分
      - 徒手健美操
      - 持轻器械健美操（哑铃、球、橡皮带、棍）
      - 专门器械健美操（踏板、圆盘、体操垫、健身器）
    - 按性别分
      - 男子健美操
      - 女子健美操
    - 按年龄分
      - 老年健美操
      - 中年健美操
      - 青年健美操
      - 少儿健美操
      - 幼儿健美操
    - 按人数分
      - 单人健美操
      - 双人健美操
      - 三人健美操
      - 六人健美操
      - 集体健美操
    - 按人名、动作特色区分
      - 迪斯科健美操
      - 武术健美操
      - 简·方达健美操
      - 瑜伽健美操
      - 仿生术健美操
  - 表演性健美操
    - 爵士操
    - 拉丁操
  - 竞技性健美操
    - 男子单人健美操
    - 女子单人健美操
    - 混合双人健美操
    - 三人健美操（男女不限）
    - 六人健美操（男女不限）

图 2-1 健美操运动分类①

① 王京琼．健美操教学与训练[M]．长沙：中南大学出版社，2008.

（三）艺术性

健美操追求“健”与“美”，同时属于“健身体育”和“健美体育”的范畴。从健美体育的角度来看，健美操作为代表项目之一具有鲜明的艺术性。比如它对人体形体之美、运动之美、韵律之美、协调之美以及音乐之美感的培养，长期进行健美操的训练和熏陶，能够有效提升人的艺术修养和审美素养。

（四）实效性

健美操是典型的健身健美运动，健美操动作的编排以多学科理论为基础，是基于多学科而创编的一种健身健美运动形式，其特点是具有较强的实效性，坚持锻炼一段时间就能够促进肌肉力量的增强、身体协调能力的提升，也能消除脂肪，塑造健美形体。

四、健美操的作用

（一）塑造健美体形

长期坚持参加健美操运动，有利于正确身体姿态习惯的养成，能够提升肌肉的弹性，拥有矫健的体态，使体形更加匀称，肢体更加协调，在身体练习中动作更加优美，总体上使身体各部位向健美的方向变化发展。

进行健美操锻炼时，身体姿态要标准，要满足挺拔、端庄的基本要求，而且要表现出饱满的情绪和愉悦的精神状态，使内外整体协调统一，优美和谐，同时塑造内在美和外形美，培养高雅气质。

（二）提升身体协调性和节奏感

健美操运动本身就具有鲜明的节奏感和高度的协调性，因此对参与者的节奏感、身体协调性要求很高。

健美操套路训练中,手臂和步伐动作复杂多变,各种新颖的变化是通过对动作方位、动作路线、动作幅度、动作节奏以及动作频率等因素做出调整而实现的,参与者在完成变化多端的各种健美操动作的过程中,身体协调性能够得到有效提高,而良好的身体协调性又能够为更好地完成健美操套路奠定基础。

健美操的音乐节奏和其他音乐节奏相比,其独特性在于对健美操的动作节奏、动作速度以及动作力度有控制作用,甚至对运动负荷也有直接影响,节奏感好的人才能真正跟着音乐跳操,将身体动作与音乐完全融合在一起,所以说参与健美操运动能够培养人的节奏感。

(三)培养自信心

健美操运动是具有艺术性的健身健美运动项目,长期坚持参与健美操运动,能够塑造形体美、心理美、精神美,提高审美情趣,使体力更充沛、精力更旺盛、身心发展更协调,从而调动生活、学习和工作的热情,主动展现自我,提高学习和工作效率,提升生活质量,提升对自身的满意度,由内而外地散发自信。

(四)培养创新能力

健美操运动的发展离不开创新,比如动作元素的创新、运动组合的创新、音乐编排的创新等。在健美操动作设计、音乐选编等方面要勇于探索,敢于创新,大胆突破,推陈出新,创造出更新更好的作品。健美操参与者作为业余创编主体,同样要具备这方面的能力。只有主动思考、大胆想象,敢于突破传统套路模式,发挥能动性和创造性,才能在健美操运动实践中充分展示人体美,展示自信,实现自我价值,满足更高层次的需求。

第二节 健美操的生理价值

健美操是体操舞蹈类运动中一个最为普遍传播的运动形式,尤其在我国的高校教育系统中一直占据着重要的位置。这首先是由于健美操具有明显的生理价值，通过坚持练习健美操，对人体会产生多方面的健康影响，不仅能保持身形健美，而且对身体的各个系统和主要器官都会带来积极的改善。

一、健美操的生理价值分析

（一）改善身体器官和系统功能

1. 改善呼吸及消化系统的功能

人在参加各种各样的健美操活动时，机体的需氧量会增加，长时间练习可以扩大肺部容积，增加肺泡张开率，同时也会大幅度增加吸氧量，从而锻炼呼吸肌，增强呼吸系统的功能。

在健美操健身锻炼或训练比赛的过程中，很多动作的完成都需要腰腹肌、骨盆肌的参与，这能够使肠胃蠕动更加通畅。在健美操练习中要做大量的深呼吸，相应也就增加了腹肌和胸肌的上下活动频率，在一定程度上按摩了消化器官，促进了消化功能的提升，使人体更好地吸收营养，满足运动的需要。健美操锻炼还能促进新陈代谢，改善肝脏功能。

2. 调节神经系统功能

人在中枢神经系统的支配下参与健美操练习，长期参与健美操运动也有助于促进这一机体系统功能的提升。健美操运动改善人体神经系统功能的作用具体表现为促进神经过程强度的提升，增强集中注意力的能力，提升均衡分配注意力的能力，使神经系统功能更灵活、完善，开阔人的视野，提高观察力的敏锐性，提升综合分析能力，并增强生命力。

3. 改善循环系统功能

长期参与健美操运动，能够改善心肌细胞的结构，增强心肌收缩力，使心脏供血能力得到提升，进而促进大脑思维能力的全面提升。在健美操练习中，人体有氧代谢能力也能得到提升，从而达到燃烧脂肪、减轻器官负荷的作用。

(二)塑造健美的体形

人体组织包括骨骼、脂肪、肌肉等,这些组织的比例结构和分布情况直接影响人的体形,体形又会对体态即身体外形姿态产生影响,我们常说一个人举手投足是否大方、得体,主要就是对其体态进行评价。体形的高矮胖瘦是人体外部最直观的体现,影响体形的因素包括饮食习惯、疾病、自然环境等。人体的体形和体态历来受到重视,体态受体形的影响很大,在礼仪教育中我们强调的“站有站相,坐有坐相”就是良好体态的表现,体态不端正而且对此不够重视的人,长期下去会出现骨骼发育不正常的问题,而且可能出现畸形,那些含胸驼背、脊柱侧弯的人有的就是因为长期的不良体态造成的。体形和体态不仅反映着人的身体健康情况,而且还能体现出人的内在修养和精神面貌,好的体态能够让人更加自信,从而产生积极的心理暗示作用,也会给其他人带来良好的印象。总之,好的体形和体态对人的生活和工作都具有重要的影响作用,进而还会促进人们形成积极的生活态度,养成健康的生活习惯,表现出理想的自制力、自信心和独立性。这样的人在一生中有更多的机会实现自己的人生价值,创造更多的社会价值,而且生活有乐趣、有意义。

体育锻炼是改善体形和体态的重要方式,健美操运动在这方面起到重要作用,下面从三个方面分析健美操运动对塑造健美体形和良好体态的价值。

1. 塑造健康、优美的体形

肌肉的丰富度和强健性在很大程度上影响人体的体形和体态美。在健美操运动中,完成带有一定负荷的动作能够有效刺激肌肉,促进受刺激部位肌肉的发展和骨骼的增强,促进局部的生长发育。参与健美操锻炼,既能将先天的身体优势利用起来,并进一步强化优势,又能使先天不足得到弥补,遗传度越小的身体部位经过科学系统的健美操锻炼越能发生积极的变化,长期坚持锻炼,能够收获良好的效果,使体形变得丰满、匀称,看起来既健康又有美感,而且还能控制体重,所以整体上给人一种大方美丽、端庄自信的感觉,这便是健美操运动对体态的积极作用。不管男性还是女性,长期参与健美操锻炼,都能有效改善体形和体态,男子变得体格魁梧、风度翩翩，女子变得体态丰满、秀丽动人。有关专家针对人体不同部位的体态问题创编了局部塑形健美操，这样就提高了锻炼的针对性，满足了锻炼者发展身体各个部位的需求，最终获得整体的健美效果，塑造出健康而具有美感的体形、体态。

2. 全面锻炼身体素质

健美操运动能够全方位锻炼人的身体素质，具体表现为增强肌肉力量，增加肌肉、韧带的弹性，提高柔韧性。有些动作要求肌肉活动达到极限状态，直至有轻微的疲劳和酸痛感，这对锻炼耐力素质具有重要意义。在健美操音乐伴奏下，运动者的动作不断变化，包括动作方向的变化、动作路线的变化、动作力度的变化等，完成这些不断变化的动作能够促进肌肉记忆力的增强，能够使神经系统更加灵活，使身体各部位更加协调，从而有效锻炼了灵敏性、协调性。

3. 矫正畸形、促进康复

健美操既有局部动作，也有全身性动作。创编者根据健美操运动的特征、基本创编规律和原理以及人体的需要而设计身体不同部位的动作及全身性动作，局部动作重点发展某一身体部位，但也会影响全身，能够起到全方位的锻炼效果。对于因为各种因素而造成的身体缺陷、身体畸形，采用运动疗法可以起到一定的矫正作用。健美操作为常见运动疗法的项目之一，在矫正驼背、鸡胸、O型腿等身体畸形方面具有重要意义。有关专家专门针对常见身体畸形而创编了矫正畸形健美操运动，在大众中广为流行。身体有畸形或缺陷的人要选择适合自己的健美操动作来进行锻炼，从而有针对性地矫正畸形，改善不良体态。

例如，肩膀狭窄、肩胛下垂的人可选择的健美操动作有前平举、侧平举、颈后举等，从而使肩部三角肌、斜方肌得到有效锻炼，使这些部位的肌肉变得发达，以达到良好的矫正缺陷的效果，使肩部看起来有美感；“鸡胸”的人可选择的健美操动作有“飞鸟”、仰卧推举以及对锻炼胸大肌有作用的动作，经过长期练习而使胸部肌肉发达、结实、丰满、有轮廓，使胸部看起来挺拔；肥胖的人参加健美操锻炼要以控制体重、燃烧脂肪、塑造体形为主，健美操锻炼对肥胖者来说不仅能塑造体形，还能促进健康和预防疾病，因为超重或肥胖的人发生慢性疾病的可能性大，所以必须通过运动锻炼来减轻体重，促进健康，预防疾病。

因为健美操运动具有矫正畸形、预防疾病的作用，所以其被纳入医疗体育的范畴中，成为医疗体育的重要组成部分。一些患者如颈椎病患者、腰肌劳损患者、腰椎间盘突出患者等也可以通过健美操锻炼而达到身体康复的效果。

（三）保持青春活力

健美操是一种全身的有氧运动，坚持长期锻炼的话，对人体健康有许多好处。不仅能够让机体保持活力，而且坚持进行健美操运动锻炼的话，还可以稳定与提高身体的各项功能，使人体精力旺盛、体力充沛，从而保持青春活力，另外，坚持长期练习健美操还可以提高免疫力，延缓人体衰老。健美操是一种调动全身各个肌群与关节的运动，而且由于健美操的种类和内容非常丰富，运动强度可以覆盖各种人群的运动需要，因此，绝大部分人都可以根据自己具体的身体情况，来选择一种最适合自己的运动能力和身体素质的内容进行练习。也就是说，对于不同的人群，都可以通过练习健美操达到较为理想的锻炼效果。

1. 提高人体生物催化酶的活性

在进行健美操练习时，可以将全身的运动机能都充分地调动起来。因此可促进人体的新陈代谢，激活各种重要的生物催化酶的活性。我们知道，人体内的许多代谢、营养物质的分解、合成等过程都需要酶的参与。但一般而言，体质虚弱的人其体内代谢作用也相对较弱，各种生物酶的活性也较弱。但是，如果经常进行健美操的训练，可以通过充分地调动身体的各项机能而增强新陈代谢，激活各种生物酶的活性，促进细胞的代谢，进而使人体保持青春活力，延缓衰老。

2. 调节内分泌

长期保持健美操的练习，还可以有效提升机体的免疫力，增强人体的健康水平，从而有效地抵抗疾病，保持正常的工作、学习和锻炼，形成正向的、不断加强的良性循环。

另外，通过坚持健美操的锻炼，还可以有效调节人体的内分泌功能，避免激素紊乱等带来的诸多健康隐患，因此，长期保持健美操的练习能够从多方面起到促进身体健康、保持身体活力的作用。

3. 预防器官衰老

健美操基本上是一种有氧运动，对于加强心肺功能具有显著效果。而心肺功能的加强对整体的代谢、营养运化都具有重要的决定性作用。比如通过提升心肺，可以有效地促进血液循环，从而增加血液的含氧量，延缓器官的萎缩，维持器官功能。另外，对于保持皮肤组织的细胞活力也具有显著效果，常年坚持健美操训练的人，往往肤色红润，富有弹性，可见，健美操可防止皮肤松弛暗淡，保持青春。

4. 促进新陈代谢

长期进行健美操运动能够加强人体的新陈代谢功能，保持机体对营养物质的吸收，比如可以促进食欲，同时配合科学的膳食搭配的话，促进人体代谢速度加快，生成的能量和营养成分也会变多，使机体营养需求得到满足。比如，加强对钙、镁、钾的吸收，能促进骨骼密度的增加，起到补钙的效果，有效预防骨质疏松。

二、塑形健美操的生理价值

健美操的种类繁多，不同的种类有不同的特点，对机体会产生不同的影响，内容非常繁杂。由于篇幅有限，这里主要以塑形健美操为例，讲解健美操的生理价值。

（一）塑形健美操对生理健康的意义

现代人由于生活质量的提升，物质极大充沛，但是绝大部分人的营养观念和健康观念还相对落后，因此肥胖、糖尿病、高血脂、高血压等疾病的发病率逐年上升。塑形健美操由于具有减肥塑形的功能而大受欢迎。

许多年轻的女性为了获得健美的身材，会坚持进行健美操的训练。

从而有效改善腰部、腹部、背部和大腿的赘肉，塑造出优美的体形，提升气质，增加自信。另外，健美操还有局部塑形的作用，比如丰胸操就能够改善胸部形态，使胸部丰满，让女性美更为突出；还有针对腰部的细腰操可以去除人体腰部的多余脂肪，使人更加灵活、美观，更具活力；针对腿部的美腿操可以去除腿部多余脂肪，使大腿修长，肌肉匀称、健美。

（二）局部塑形健美操的实践指导

1. 丰胸操

练习方法如下。

(1)屈臂扩胸

两脚开立，两臂垂于体侧。

1～2 拍，屈膝半蹲，两臂屈于胸前，拳心向内。

3～4 拍，两腿伸直，两臂屈于胸前，向后扩胸，拳心朝下。

5～8 拍同 1～4 拍。

重复 4 个 8 拍。

(2)前后移重心扩胸

两脚开立，两臂垂于体侧。

1～2 拍，左脚向前迈一步，两臂交叉于胸前，两手扶在肩膀处。

3～4 拍，左脚后退一步呈弓步姿势，两臂在体侧侧举，向后扩胸。

5～8 拍同 1～4 拍。

重复两个 8 拍，右脚按相同方法练习。

(3)左右移重心扩胸

两脚开立，两臂垂于体侧。

1～2 拍，屈膝半蹲，两臂在体前举起并相互交叉，含胸低头。

3～4 拍，做左弓步动作，左臂在胸前平屈，右臂侧举，向后扩胸。

5～8 拍，重心向右移动。

重复 4 个 8 拍。

在丰胸操练习中，尽可能最大限度地做含胸与挺胸的动作。挺胸时，尽可能前挺，避免单纯向后振臂，同时要将手臂抬平，充分锻炼胸肌。

2. 细腰操

练习方法如下。

(1)腰部转动

两脚开立,两臂垂于体侧。

1～2 拍,屈膝半蹲,上体左转 90°,左手叉腰,右臂平屈于胸前,右手触碰左肩。

3～4 拍,两腿伸直,上体右转 90°,两臂在体侧平举。

5～6 拍,上体左转 90°,左手叉腰,右手扶在头部后侧。

7～8 拍,还原 3～4 拍的姿势。

重复两个 8 拍,在右侧继续练习。

(2)腰部侧屈

两脚左右开立,双手在脑后十指交叉,双肘外展。

1～2 拍,重心向右移动,做右弓步姿势,左顶髋,左臂肩侧屈,左手用力向左牵拉右臂,上体同时向左侧屈。

3～4 拍,恢复预备姿势。

5～8 拍,重复 1～4 拍。

重复两个 8 拍,最后左侧屈姿势保持 10 秒钟后换另一侧练习。

(3)腰部体侧屈

自然站立,两臂垂于体侧。

第一个 8 拍:

1～2 拍,右脚侧点地,左膝弯曲做左弓步姿势,上体向左侧屈,左手叉腰,右臂侧上举。

3～4 拍,两脚开立,右臂做肩侧屈动作。

5～8 拍,同 1～4 拍,恢复自然直立姿势。

第二个 8 拍与第一个 8 拍动作相同,方向相反。

重复 4 个 8 拍后换另一侧练习。

在细腰操练习中,腰部侧屈时尽可能使腰部保持侧弯状态;腰部转动时,尽可能使上体后转到一侧极限,再向另一侧转到极限,充分锻炼腰肌。

3. 美腿操

(1)大腿前部操
练习方法如下。
①弓步压腿
左腿做前弓步动作,双手扶在头后。
1～4 拍,上体正直,连续两次弓步向下弹性压腿。
5～8 拍,后腿屈膝下蹲,尽量下压,大腿前部发力。
重复练习 8 个 8 拍,换右弓步继续练习。
左右侧都完成则为 1 组,重复 2～3 组。
②站立前下举腿
自然站立,两手叉腰。
1～4 拍,左腿前下举腿,勾脚。
5～8 拍,恢复预备姿势。
重复 4 个 8 拍,换右腿练习。
左右腿都完成练习为 1 组,重复 2～3 组练习。
③单脚站立后屈腿
单腿站立,另一小腿后屈,单手抓住脚踝。
1～4 拍,支撑腿弯曲。
5～8 拍,支撑腿伸直。
重复 4 个 8 拍,换左腿练习。
左右腿都完成练习为 1 组,重复 2～3 组练习。
练习过程中做弓步动作时要绷紧腿,有弹性地完成动作。
(2)大腿后部操
练习方法如下。
①俯卧上屈腿
俯卧,两腿伸直,前臂屈肘撑地,抬上体。
1～2 拍,两腿屈膝勾脚,脚跟靠近臀部。
3～4 拍,恢复预备姿势。
重复 20～25 次为 1 组,共进行 2～3 组练习。
②俯卧屈伸腿
俯卧,前臂肘部弯曲撑地,抬上体。

1拍，右腿上屈，左腿伸直。

2拍，右腿伸直，左腿上屈。

重复20～25次为1组，共进行2～3组练习。

③跪撑后压腿

左腿跪撑在地上，右腿向后举。

1拍，右腿后屈膝，右大腿后部肌肉用力收紧。

2拍，右腿伸直。

重复20～25次，左腿按相同方法练习。

左右腿都完成练习为1组，重复2～3组练习。

练习时大腿后部肌肉收紧，屈伸腿时保持适度紧张。

(3)小腿操

练习方法如下。

①提压脚跟

两脚前脚掌站在台阶边，双手叉腰。

1～2拍，提脚跟，上体正直，收腹夹臀。

3～4拍，恢复预备姿势。

重复20～30次，且保持提踵动作10秒左右则为1组，重复2～3组练习。

②单腿提踵立

右脚前脚掌站在台阶边，左腿屈膝并向上抬，双手叉腰。

1拍，右脚跟提起，上体正直，收腹夹臀。

2拍，恢复预备姿势。

重复15～20次，左脚完成相同次数的练习。

左右脚完成练习为1组，重复2～3组。

练习过程中两腿伸直，臀部夹紧，小腿肌群用力收紧，脚跟尽量上提。

第三节 健美操的心理价值

健美操作为高校体育教学中一项比较重要的舞蹈体操类科目，在学生心中具有重要的地位。并且，健美操由于介于体育、舞蹈和体操之间，因此具有丰富的教学意义，本节主要针对健美操的心理价值进行分析。

一、健美操的心理价值分析

(一)健美操对心理过程的影响

1. 对认识过程的影响

(1)使运动表象成熟

健美操运动的基本练习手段是身体锻炼活动,在音乐伴奏下进行身体练习,达到增强体质、愉悦心理的作用。初步接触健美操运动的人,会被健美操运动环境、健美操音乐和指导员的指导技能吸引,强烈的好奇心和新鲜感使人表现出积极的参与行为,长时间的积极参与和实践锻炼提高了肌肉运动感觉,使运动表象不断趋于成熟。

(2)使思维丰富、敏捷

健美操运动使人的思维不断丰富,主要体现在形象思维上,形象思维是具体的、生动的,是对健美操运动规律和健身本质的具象反映。在健美操健身锻炼中,不管是运动场地、运动器材、专门的音乐以及周边的环境等,都是具体可见的,是形象的,运动者大脑中能够勾勒出这些具体形象,从而产生直观而丰富的形象思维,这有助于使运动者解决健身锻炼中出现的具体问题。

健美操运动使人的思维更加敏捷,主要体现在动作思维上,运动者在健美操锻炼中要通过完成具体的动作才能产生动作思维过程。在健美操运动过程中人的动作思维往往以组合形式出现,因为身体各个部位都在不停运动,在各部位动作的基础上形成丰富、敏捷的组合式动作思维,在运动实践中解决现实问题同样离不开敏捷的动作思维。

(3)使想象力丰富

人在学习健美操知识、掌握健美操技能以及参与健美操运动的实践过程中,健美操动作、音乐直接作用于人的感觉器官,作用于肌肉和神经系统,人们也能切切实实地感知这些刺激,不仅如此,人们通过积极主动的思维还能创造出抽象的、虚拟的动作形象,随着运动经验的不断积累,人们还能在大脑中勾画出新的技术动作,并采用一定的创编技巧来创造出实实在在的动作形象,这对培养人的想象力、创造力具有重要作用。想象力提升后,人们可以更好地理解健美操的内涵,更加积极地参与健美操运动,将健美操作为生活的一部分,养成终身锻炼的好习惯。

2. 对情感过程的影响

不同的个体有不同的需要,要追求不同的事物来满足自己的需要,某一事物是否与个体的需要相符,能否满足个体需要,应该由个体自己去体验,这种体验的本质就是情感。情绪是情感的重要组成和重要表现,健美操运动对情感过程的影响集中反映在对情绪的影响上。人的心境、激情和应激都与情绪有关,是几种常见的情绪状态,健美操运动对这些情绪产生了重要影响。

心境:心境具有持久性、微弱性和色彩性,健美操运动锻炼能够帮助运动者产生良好的心境状态。

激情:激情具有短时性、快速爆发性和激烈性,激情这种情绪状态的外部表现很明显,如人们在健美操锻炼中兴奋地表现自我。健美操能够激发人的运动热情,使人充满参与锻炼的激情。

应激:应激的特点是紧张、出乎意料,这种情绪状态发生在意外突如其来的情况下,这时个体必须做出某种决定,没有犹豫的时间和选择的余地。健美操实践经验丰富的人往往能在应激条件下快速反应、判断和采取行动,在这个过程中必须高度集中注意力,主动联想过去的经验,果断决定。应激状态下的行动激活了机体器官,并使参与工作的系统功能发生积极的变化。

(二)健美操对个性心理的影响

1. 对体育态度与行为的影响

性格的形成和家庭环境有关,每个人的体育态度和行为也与其家庭环境、家庭教育情况有关。作为社会的基本单位和道德集中点,家庭从初始意义上影响着人的性格。家长的生活态度、生活方式、行为习惯等对孩子性格的养成有重要的影响。要培养人对健美操运动的积极态度和良好行为习惯,就要从小抓起,从家庭教育抓起。家长如果喜欢健美操运动,养成了长期参与运动的好习惯,那么这种体育态度和体育行为就会给下一代带来积极影响,促进其体育态度、体育兴趣以及良好运动行为习惯的养成,并有利于促进下一代形成正面性格。父母对子女性格的影响见表 2-1。

表 2-1 父母的态度与孩子的性格①

父母态度	孩子性格特点
支配	服从 被动 消极 依赖 温和
照管过细	神经质 被动 胆怯
保护的	深思 亲切 情绪稳定 缺乏社会性
溺爱的	任性 反抗 幼稚 神经质
顺应的	无责任心 不服从 攻击 粗暴

① 李敬敬. 健美操健身研究与价值学解读[M]. 长春:吉林文史出版社,2018.

续表

父母态度	孩子性格特点
忽视的	冷酷 攻击 情绪不安 创造力强 社会性
拒绝的	神经质 反抗 粗暴 企图引人注意
残酷的	冷酷 神经质 逃避
民主的	独立 爽直 协作 亲切 社交
专制的	依赖 反抗 情绪不安 自我中心 大胆

父母对孩子的态度可能会终生影响孩子的性格，所以父母要自己先树立良好的体育态度，养成良好的运动习惯，然后积极影响孩子，使其树立终身体育的意识。此外，父母如果能够对孩子进行民主化的管教与培养，那么孩子就容易形成亲切的、喜欢协作和社交的良好性格，这种性格对孩子的一生都有重要意义。

人们在学习健美操知识和参与健美操实践的过程中也能培养良好的体育态度和行为习惯，也能进一步塑造性格。因此，要重视激发青少年的运动动机，培养其良好的体育态度、科学的运动观和正确的健康观，鼓励青少年参与健美操运动，使其在运动实践中获得多方面的收益，受益终身。

2. 塑造乐观性格

性格是个人对现实持有的稳定态度和习惯化了的行为方式。人们参与健美操运动，在运动场地、技术动作、健美操音乐等多种因素的影响下完成对健美操的认识过程、意志过程、情感过程，这些过程伴随人的实践活动而真真实实发生、保存，使人形成了对健美操运动的一种稳定的态度，并在实际行动中以各种各样的形式去表现这种稳定的态度，从而形成了特定的行为方式和健美操运动习惯。

性格是人的独特心理特征的总和。喜欢健美操运动并多年坚持参与这项运动的人往往给人留下大方、勇敢的印象，这类运动人群性格开朗，意志坚定，情感丰富，热情开放，与时俱进，喜欢创新。人的性格虽然具有稳定性，但不是完全不变的，在特定环境的影响下人的性格可能会有所变化。长期参与健美操运动，不断陶冶情操、丰富情感，久而久之可以形成更好的性格，这种变化主要表现为内向变外向、胆小变勇敢、被动变主动、消极变乐观等。

3. 陶冶情操，培养高雅气质

健美操运动要求参与者在锻炼过程中将每个动作都完成得自然一些，使动作看起来协调、舒展、优美、大方。此外，造型合适、美观；动作奔放、刚健有力等也是对参与健美操运动的基本要求。这有助于矫正身体不良姿态，美化身体姿态，使体态优美、风度高雅、体形健美。音乐是健美操成套动作不可缺少的因素，在节奏鲜明的音乐伴奏下跳健美操，使人看起来更有运动美、活力美。音乐的存在活跃了健美操运动氛围，有助于陶冶参与者的情操和提升思想境界。

健美操实践以健身为基础，竞技动作为提高，形体训练为主要内容，形体训练内容与年轻锻炼者尤其是女性锻炼者的需求相符，成为影响女性气质的主要原因。健美操形体训练能丰富内心情感，塑造外在姿态的高雅美，促进内在气质与外在美的协调统一。

（三）健美操对人格塑造的影响

长期进行体育运动会对人格产生深刻的影响，这和运动项目本身的运动特点和气质特点直接相关。比如经常坚持马拉松或者冬泳的人，一定具有顽强的耐力和坚毅的品质，否则不可能坚持完成运动。长期进行健美操训练的人，也会产生独有的人格气质，因为健美操是一种充满动感与活力的运动项目，因此，长期训练后，人们也会在不知不觉中内化这一气质，整体上会呈现一种充满活力、积极进取的精神面貌。

健美操对人格的影响和塑造主要表现在以下几个方面。

1. 塑造智慧人格

操类运动的一个主要特点就是动作较为复杂，而健美操尤其如此。比如，健美操的创编不仅要包含形体元素、音乐元素、动作元素和情感元素，同时还要把握其艺术表现力和整体上的美感，以及给练习者和观看者带来的情感体验，而这些最终都会融入健美操的每一个动作中来呈现。

因此，长期练习健美操可以很好地锻炼人的综合智慧水平，不仅要熟练地掌握各种复杂的动作，还要将其内在情感做出充分的表达，在整体体现出美的感受。

总之，长期进行健美操的练习，对人的智商、情商和身体的表现力等都有很好的提升。

2. 塑造道德人格

道德人格是一个人的人格底色，是一个人的价值观、人生观的基础，而道德人格的形成是一个长期的过程。之所以说健美操能够塑造道德人格，是因为长期坚持健美操能够从身体形态、性格气质、精神品质等多个方面，从里到外地塑造和改变一个人，而且健美操具有积极的情绪引导和价值引导，这些都对塑造一个人的道德情操有重要的作用。

另外，健美操是一个团体运动项目，因此无论是平时的练习还是正式的比赛，都需要整个团队相互帮助、合作与配合，要具有奉献精神和合作精神。因此，长期坚持健美操的练习可以很好地训练一个人的团体意识和集体主义精神，这些都是影响个人道德价值的重要因素。

3. 塑造审美人格

健美操对人的审美的提高也是显而易见的。首先，健美操是一项表现运动之美的体育项目，通过各种动感强烈、韵律十足的动作，在练习的过程中就能体验到运动的美感。其次，健美操还涉及丰富的审美元素，包括音乐、形体、情绪、艺术表现力等，这些都要在无数次的练习中慢慢体会，慢慢打磨，最终，会对练习者的审美能力和表现力带来明显的提升。

人们在参与健美操运动的过程中流露真实情感就是一种审美表现，健美操运动员的身体律动和内心情感是融为一体的。健美操是身体活动和精神活动的统一，人们在健美操实践中对艺术的审美理论、审美标准、审美方法予以学习和掌握，并以审美人格的标准为依据而对自己的言行进行调整，从而有效提升自己的审美素养。

二、竞技健美操的心理价值

在各种健美操类型中，竞技健美操的技术难度最大，对练习者的要求最高，最终呈现的艺术效果也远远高于其他类型的健美操。竞技健美操属于竞技运动的一种，对人的心理素质的要求也相应地较高。因此，健美操运动员都具有较强的心理素质，经过多年的日常训练和比赛，竞技健美操运动员能够克服高难度的运动挑战，也能在高强度的竞赛中保持最佳的状态，发挥出自己的最高水平，这些都是基于常年的练习才能获得的。

竞技健美操要求运动员要具有坚强的意志，能够不断挑战自己的运动极限，战胜内心的恐惧感，增强自信，这些都能显著提升一个人的心理健康水平。

第四节 健美操的德育价值

在高校的体育教学中，健美操作为一个比较突出的学科，具有独特的德育价值。比如，作为一项兼具运动健身、娱乐休闲等多种属性的运动形式，健美操具有健康美、动作美、韵律美以及意蕴美的美学特征，同时还具有和谐、公平、公正、协作的体育精神，因此，健美操不仅具有重要的生理价值和心理价值，甚至还具有独特的德育价值。本节将针对这一主题展开分析。

一、健美操对个人价值观的影响

除了学校的教学之外，健美操在社会上一直广为流传，是许多健身爱好者的日常锻炼内容，尤其在女性群体中，健美操一直都处于女性最喜欢的运动范畴之内。因为有着普遍的群众基础，所以不仅影响着人的身体健康水平和生活质量，而且对个人的价值观、世界观也产生了深远的影响。

（一）追求充盈的生命力

健美操是一种律动感极强的运动形式，充满着力量的刚劲之美，以及身体的柔韧之美，在刚柔并济之间，彰显出人们对生命的歌颂，对真善美的不懈追求，它不仅体现出运动的美感，而且还体现出舞者旺盛的生命力，无论是舞者还是观看者，都能体会到一种难以言表的力量之美、生命之美。

在高校的体育教学中，学生在学习健美操的过程中，会不知不觉地内化为一种奋力追求和不懈拼搏的精神品质，这是健美操对个人价值观的一种潜在影响。

(二)真挚的情感表达

健美操运动的特点之一是极富表现力,在音乐的伴奏下,健美操总是表达着强烈的情感,充沛的情绪,尤其是其贯穿始终的力量感与韵律感,总是给人一种情感真挚的美好体验。因此,经常进行健美操练习,会对人的情感表达有着正面的影响,能够促进宣泄内心复杂的情绪,这不仅有利于个人心理健康的发展,而且还鼓励学生在人际交往中也要真诚表达,建立积极有意义的人际关系。

总之,健美操通过对健、力、美的多元价值表达,会对个人产生潜移默化的影响,促进人们在练习健美操的过程中,不仅感受到运动的美、艺术的美,而且还会产生心灵的愉悦感,给人以真挚情感式的精神满足。

二、健美操的社会伦理价值

由于健美操在社会上具有广泛的群众基础,有大量的健美操爱好者、习练者和研究者,从而使健美操的精神气质和文化内涵得以发扬和传播,进而产生了一定的社会价值,尤其是它的社会伦理价值值得一提。

健美操运动的广泛传播首先是源自它在很多方面正好契合了大众的某种需要,比如健身健美的需要、社会交往的需要、情感宣泄的需要等,而这些健美操恰好都能满足,于是健美操的普及率再次提升,人们对健美操更加依赖,与之相应的,健美操的一些社会价值也越来越明显。

当今社会竞争激烈,人们的生活节奏快,尽管物质生活有了明显的提高,但是人们也因此背负着沉重的精神压力,且无处排解。健美操是基于人对健、力、美的追求,在优雅、舒适的环境下,伴随欢快、活泼的音乐进行锻炼的体育活动。因而,健美操具有调节情绪、抒发情感的作用,从而在一定程度上,能起到对人们进行心理保健的作用。

同时,健美操还是一项集体运动,一群有着相同爱好的人,在动感十足的音乐声中,通过认真的训练,最终实现保持相同的节奏,且配合默契,从而展现出最佳的效果。在这一过程中,人与人之间会建立起更加深厚的情感,每个人都要努力与团队保持一致,做好自己动作的同时,还要做到与同伴的良好互动，彼此间心照不宣，从而体验到一种美好的团队协作感和归属感。在这种轻松和谐的环境中，人与人产生了更好的链接，建立了融洽的关系，从而增强人在社会中的存在感，并推动整个社会的精神文明风尚的形成。

第五节　健美操的社会价值

健美操最初在西方国家诞生，后来逐渐传入我国，并受到广大的健身爱好者的喜爱。经过多年的积累和发展，健美操在大众群体中有着较为广泛的影响。无论是高校的学生，还是职场的年轻人、中年人甚至老年人，有一大批的健美操爱好者在不断地推动着这一市场的发展，进而产生了多方面的社会价值。

一、健美操运动社会价值分析

（一）丰富大众生活

健美操运动形式多样、内容丰富，作为大众健身的主要内容，大大丰富了大众的体育生活，避免了大众因长期参与单一类型的健身运动而产生枯燥和乏味感，以至于失去健身锻炼的兴趣。健美操锻炼形式多种多样，不同年龄层次的人都可以找到适合自己的锻炼方式。人们参与丰富多彩的健美操运动，能够逐渐树立自我超越的意识，形成正确的健康观和健身观，进而形成良好的世界观和人生观。大家在公共场所参与集体性健美操活动，认识更多的人，相互交流心得，有助于开阔眼界，扩大社交范围，提高社交能力，丰富日常生活，稳定社会感情，促进社会平等，强化社会认同。

(二)促进社会稳定和发展

1. 丰富生活,调节人际关系

在信息化时代,社会生活节奏不断加快,人与人之间的交往逐渐浓缩,越来越简洁。互联网技术的出现和通信设备的发明虽然使人际沟通和交往打破了时空限制,使人类的时空距离缩短了,但是人际情感距离也因此而越来越大。在快节奏的社会环境下生活,人们的生活压力、就业压力、教育压力、就医压力等不断增加,因此很容易产生负面情绪,如紧张、焦虑、抑郁、暴躁等。为了摆脱负面情绪,人们对社会交往有了新的需求,渴望以新的方式进行人际沟通和交流。健美操具有重要的社会交往功能,人们参与这项运动,能够对自身的身心状态进行调节,对生活节奏进行调整,提高生活质量。人们三五成群一起进行健美操锻炼,在运动中聊工作、聊生活,诉说自己的烦恼,得到好友的安慰与帮助,在轻松的运动氛围中不仅锻炼了身体,还加深了相互之间的感情,巩固了友谊。

随着体育健身产业的不断发展,我国各大城市的健身俱乐部越来越多,健身场所在中小城市甚至是城镇乡村也不断增加。大型健身俱乐部不仅提供健身服务,还有各项休闲娱乐服务,一条龙齐全。上班族在下班时间或节假日进入健身俱乐部,在音乐的激情伴奏下尽情跳操,尽情流汗,热情洋溢,自由自在,宣泄情感,表达兴奋,彻底放松身心。

参加完健美操运动,人们神清气爽,心情愉悦,活力四射,脸上洋溢着自信,再次以充沛的精神和乐观的情绪投入生活和工作。可见,健美操运动可以美化人的生活,塑造人的精神。不管社会地位如何,文化水平如何,人人都能在健美操运动中有所收获,体验美好的情趣,陶冶情操,美化心灵,为生活添加色彩,使生活有滋有味。

人们在跳健美操的过程中,随着运动水平的提高和运动经验的积累,能够重新认识和理解这项运动,获得新的感受,在新的体验中获得新的收获。在充满激情的健美操运动中,人们尽情展示自己,发挥创造力,彰显生命活力,人们在运动过程中能够获得对自己的重新认识,能够培养个性,并主动调节与他人的关系。健美操运动氛围是充满乐趣的,欢声笑语荡漾在人群中,人们尽情舞动,发泄不良情绪,消除郁闷心理,收获友谊，一举多得。

2. 促进社会稳定

健美操运动是人人都可参加的运动，任何国家、任何年龄、任何职业的人不分高低贵贱都能享受这项运动。健美操是世界性的运动，是超越国界、超越种族、超越世俗的运动，人们在这项运动中能够感受到人与人的平等，人们聚集在一起呐喊、舞动，尽情展现自己，有利于增进人际关系，促进民族团结，维护社会安定。

生物学理论指出，人具有动物属性，攻击性是动物的一种本能欲望，如果人们长期在压抑的环境中生活，或受到沉重的打击，情绪消极，无处发泄，又得不到及时的调整和有效的迁移，随着这种负面心理越来越深，不断恶化，就有可能采取过激行动来报复人类社会，扰乱社会安定，破坏社会和谐，威胁他人的生命和财产安全。因此，及时疏导积郁的心理很有必要，健美操为人们发泄情绪、迁移负面心理提供了良好的舞台，人们在健美操运动中全身心放松投入，与他人友好沟通交流，缓解情绪，消除郁闷，收获快乐，避免将过剩精力运用到报复社会中去，从而促进了社会团结，维护了社会秩序，促进了社会和谐发展。有人将健美操运动比喻为社会的"安全阀"，其为维护社会稳定、促进人类和平共处做出了重要贡献。

（三）促进社会经济发展

现代社会经济发展水平大幅度提升，人民群众的生活条件和生活质量显著改善，丰富的精神文化生活成为人们新的追求，体育锻炼对丰富人的精神生活具有重要意义，因此体育健身锻炼成为现代人的共同追求，成为现代人生活的重要组成部分，也是一些人生活中不可缺少的一部分。健美操是大众体育健身锻炼的常见项目之一，这项运动包含运动、音乐、艺术、审美等丰富多彩的元素，广受大众欢迎和喜爱，形成了广泛的群众基础，为开发健美操市场和推动健美操产业发展奠定了良好的基础条件。

在拥有广泛群众基础的条件下，我国大力开发健美操市场，扶持健美操产业，创造了丰富多彩的健美操产品，以更好地服务于体育爱好者。

大众体育消费刺激了健美操行业的进一步发展,使经济市场环境下的健美操彰显出重要的经济价值。健美操产业作为我国新兴体育产业,其快速而健康的发展极大地促进了我国社会经济的发展。

下面具体分析健美操运动的经济价值。

1. 健美操用品及赛事的经济价值

健美操作为市场上流通的商品,其最重要的经济价值主要表现在健美操用品市场和赛事市场上。人们参与健美操运动,必然要进行一些基础用品消费,如健美操服装、健美操音像制品、健美操辅助器械等,在健身俱乐部充值会员和购买健美操课程也是常见的消费产品。举办健美操赛事,赞助、门票、报名费、广告费、奖品等无不体现健美操比赛与经济的千丝万缕的关系。在大型体育场馆举办健美操比赛,观众成千上万,可获得可观的门票收入。一些地方还建立了健美操赛事品牌,不断加大品牌宣传,扩大品牌的影响力,提高赛事的经济效益。健美操赛事的举办还带动了健美操培训行业、健美操教育行业的发展。

2. 健美操市场培训的经济价值

健美操作为商品的经济价值还体现在健美操市场培训行业的发展中。随着经济的发展和大众健身需求的增加,健美操培训行业的市场需求不断扩大。有关单位面向广阔的人群开发健美操培训业,为不同年龄群体都设置了相应的健美操培训课程,以满足各年龄段健身群体的需求。健美操虽然不是奥运会正式比赛项目,但它对大众的吸引力很强,积累了大量的健美操人口,人气很高。渴望身体健康、体形体态良好和想要放松身心的人很多都积极参与健美操运动,健美操运动功能多元化,这是它备受喜爱的主要原因之一。再加上高校健美操的教育水平不断提高,健美操人才队伍越来越壮大,这些都促进了健美操培训市场的开发与繁荣。青少年有培养艺术细胞的需求,年轻人有强身健体、休闲娱乐的需求,老年人有延年益寿的需求,可见健美操培训市场的发展前景十分广阔。

3. 健美操表演的经济价值

高水平的健美操表演赛能够带来可观的经济收益,而且参演的选手也会获得奖励。在一些重大体育比赛中，会将健美操表演项目放在开幕式或闭幕式环节，参与表演的选手基本都是专业运动员，而且很多运动员在健美操行业都有很高的知名度，他们在重大场合表演也会获得经济报酬。健美操表演在商场活动、车展活动、晚会活动以及运动会中都有可能出现，在不同场合的表演能够给主办方带来一定的经济效益。

健美操的商业化、产业化、社会化发展是必然趋势，大力开发健美操市场，扶持健美操产业发展，有利于扩大健美操的影响力，进一步宣传和繁荣健美操文化，树立健美操品牌，促进体育产业和社会经济的发展。因此，我国应不断改善体育市场环境，加大对健美操产业的创新力度，不断完善产业化体制，进一步发挥健美操的经济价值，为我国体育产业及社会经济的发展做出贡献。

（四）促进全民健身发展

改革开放以来，我国经济迅速发展，人民生活质量显著改善，人们的日常需求从基本的物质需求逐渐上升为健身需求、娱乐需求、休闲需求等，精神需要不断增强。20 世纪 90 年代中期开始，全民健身计划在我国各地全面推广，通过不断地宣传、推广和各种教育活动的开展，大众对体育运动的强身健体、休闲娱乐、社会交往等多元价值功能有了进一步的认识，人们为满足各自的需求而积极参与体育锻炼，参与体育运动逐渐成为人民群众的自觉行为，而不是在行政命令下的被动行为。人们树立体育锻炼意识，养成体育锻炼的习惯后，消费观念也发生了转变，人们主动并乐于为健康买单，为运动消费，这是一种非常理想的自我投资。随着体育人口的不断增加和体育消费水平的不断增长，社会上形成了“全民健身热”。全民健身活动内容丰富、形式多样，健美操就是其中一个重要内容，健美操虽然是新兴项目，但是它价值突出、独具魅力，因此广受欢迎，在众多体育项目中脱颖而出，吸引了大量的健身爱好者参与其中。目前，不仅各大城市纷纷成立健身俱乐部，开展健美操培训课程，而且健美操也成为各级学校体育教学的重要内容，除此之外，有关健美操的电视节目不断增加，跳健美操的人遍布社区广场，健美操的普及和开展取得了一定的成绩，促进了全民健身的发展。

健美操运动促进全民健身发展的作用集中体现为健身健美操在人民群众中广为流行，开展普遍。健身健美操也是大众健美操，其具有健身功能、医疗功能、保健功能、娱乐功能，因此普及面广，群众基础广泛，对促进人体的全面发展具有重要意义。健身健美操动作简单，强度适中，有很强的节奏感，因此适合各个年龄阶段的人参与。健身健美操之所以能够在全民健身的大环境下得到很好的开展，与其自身的先天优势是分不开的。

健身健美操对基本场地器材没有过于严格的要求，在社区广场、学校操场、健身房和专门的运动场馆都可以跳健美操，只要场地广阔，地面平坦，那么就具备了练习健美操的基本条件。健美操有小团体练习，也有大规模的集体练习，所以具体组织形式可以根据场地规模而调整。有了场地条件后，还需要一台音响，这也是最基本的条件之一。正因为健身健美操对场地器材没有高要求，所以我国各个地区，不管是大城市还是农村，都适合开展这项运动。健美操不是非得在健身房才能参与的运动，所以减轻了人民群众的消费负担，使人人都有条件参与其中。

二、以街舞为代表的健美操的社会价值

（一）街舞对社会发展的意义

20世纪60年代末兴起于美国的街舞运动是典型的时尚流行健美操运动。这项运动的产生与发展体现了人类向往自由和美好生活，渴望展现自我。街舞文化随全球化的发展而在世界各地广泛传播，促进了中国体育文化的丰富和健美操文化的繁荣。街舞运动在社会发展中也发挥了重要的社会价值，对促进社会发展起到了不可忽视的作用。

街舞运动及衍生产品形成了相对独立的体育经济圈，社会上流行的街舞活动、街舞服饰、街舞教学视频、街舞音乐唱片等无不与经济活动密切相关。不仅如此，社会上涌现出大量的街舞培训机构，对专业教师和指导员的需求增加，一定程度上解决了相关专业毕业生的就业问题，缓解了社会就业压力。在信息化时代，传播媒介越来越发达，对街舞赛事进行直播和转播的媒介从电视台拓展到网络平台，一些电视台、新媒体还创造了街舞选秀节目，盈利非常可观。社会经济圈本身就是环环相扣的，街舞与经济密不可分，街舞经济的出现促进了体育产业的发展和社

会经济的发展。

街舞运动的文化价值也很突出，我国是多民族国家，民族文化丰富多彩，独特新颖的外来街舞文化进一步丰富了中华民族体育文化和舞蹈文化，一些街舞元素被融入民族体育文化中，街舞中也糅合了一些民族文化，创造了独具东方色彩的街舞文化，不同文化的深入融合与灵活借鉴促进了我国民族文化和世界文化的共同繁荣。

(二)街舞实践指导

1. 组合动作一

第一个8拍(图2-2)

(1)步伐

1、2拍右脚尖重复点地两次。

3拍右脚向前迈一步。

4拍左脚向前迈一步，两脚并立。

5拍右脚侧点地，重心移至左脚。

6拍右脚收回，左脚侧点地。

7拍同5拍。

8拍右脚收回成基本并立姿势。

(2)手臂

1、2拍右手打2次侧响指。

3拍两臂微屈同时上举。

4拍双臂放下再上举。

5、6、7拍双臂稍屈置于体侧。

8拍双臂向斜上方举起。

(3)手型

1、2拍响指。

3～7拍双手放松成半握拳。

8拍出双手食指point。

(4)面向

1～4拍1点。

5、7拍8点。

6 拍 2 点。

8 拍 1 点。

图 2-2　第一个 8 拍

第二个 8 拍(图 2-3)

(1)步伐

1 拍两脚开立,屈膝半蹲,右肩侧顶。

2 拍同 1 拍,方向相反。

3 拍肩带胸顺时针绕环。

4 拍左脚抬起。

5 拍左脚跟点地。

6 拍左脚收回,右脚跟点地。

7 拍转体 180°。

8 拍双肘抬起。

(2)手臂

1～7 拍双臂自然垂于体侧。

8 拍两臂在体前抬起与腰同高。

(3)手型

1～7 拍双手放松。

8 拍双手握拳。

(4)面向

1～3 拍 1 点。

4～6 拍 3 点。

7、8 拍 7 点。

图 2-3　第二个 8 拍

第三个 8 拍(图 2-4)

(1)步伐

1、2 拍下肢固定,上体转动。

3 拍右脚前迈一步。

4 拍左脚前迈一步,与右脚成并步。

5 拍左脚向后撤步。

6 拍 180°转体。

7 拍右脚向后撤一步。

8 拍转体 180°。

(2)手臂

1、2 拍肘部向侧方向上抬两次。

3 拍左臂于体前握拳,右臂自然放松。

4～8 拍两臂在体侧摆动。

(3)手型

双手放松或半握拳。

(4)面向

1～5 拍 1 点。

6、7 拍 5 点。

8 拍 1 点。

图 2-4　第三个 8 拍

第四个 8 拍(图 2-5)

(1)步伐

1 拍右脚跟前点。

2 拍左脚跟前点。

3 拍右脚向前迈半步。

4 拍双脚脚跟向前转动后收回。

5 拍右脚向后迈一步。

6 拍左脚向后迈一步。

7 拍跳跃换脚。

8 拍左脚向前,两脚并立。

(2)手臂

1～3 拍手臂放松,

4 拍肘部向前抬然后收回。

5、6 拍手臂放松。

7 拍右臂由后向前抡。

8 拍两臂放松。

(3)手型

双手放松。

(4)面向

1点。

图 2-5　第四个 8 拍

2. 组合动作二

第一个 8 拍(图 2-6)

(1)步伐

1～4 拍完成 1 次侧并步。

5 拍右脚向前踢并落于正前方。

6 拍两脚脚跟前转然后收回。

7、8 拍同 5、6 拍。

(2)手臂

1 拍左手置于胸前,右手侧上举。

2 拍右手置于胸前,左手侧上举,然后还原。

3 拍轻拍左膝然后向右指。

4～8 拍两臂自然摆动。

(3)手型

1～3 拍出食指。

4～8 拍双手放松。

(4)面向

1 点。

图 2-6　第一个 8 拍

第二个 8 拍(图 2-7)

(1)步伐

1 拍右脚向后退一步。

2 拍左脚向后退一步,然后收回右脚。

3 拍两脚开立、屈膝半蹲。

4 拍直膝,双脚并立。

5 拍左脚侧踢。

6 拍右脚侧踢。

7 拍两脚并立或交叉。

8 拍双脚开立、屈膝半蹲。

(2)手臂

1 拍放松。

2 拍双臂微屈向上举,手心向上。

3 拍两肘侧抬。

4 拍举起右臂。

5 拍伸展右臂。

6 拍双臂自然放下。

7 拍右臂上举。

8 拍右手触地。

(3)手型

双手自然放松。

(4)面向

1、2 拍 1 点。

3 拍 3 点。

4～8 拍 1 点。

图 2-7　第二个 8 拍

第三个 8 拍(图 2-8)

(1)步伐

1 拍双脚交叉。

2 拍转体。

3 拍右脚向后退一步。

4 拍左脚收回。

5 拍右脚向右侧迈一步。

6 拍左脚向左侧迈一步。

7 拍同 5 拍。

8 拍左脚收回。

(2)手臂

1～4 拍手臂放松。

5 拍左臂向左侧上举。

6 拍右臂向右侧上举。

7 拍两手向左指。

8 拍向右指再回到 7。

图 2-8　第三个 8 拍

(3)手型

1～4 拍双手放松，

5～8 拍出食指。

(4)面向

1 拍 2 点。

2 拍 8 点。

3 拍 2 点。

4～8 拍 1 点。

第四个 8 拍(图 2-9)

(1)步伐

1、2 拍右、左脚依次向后退一步。

3 拍同 1 拍。

4 拍左脚跟点地。

5 拍左脚向前迈一步。

6 拍右脚在左脚前交叉。

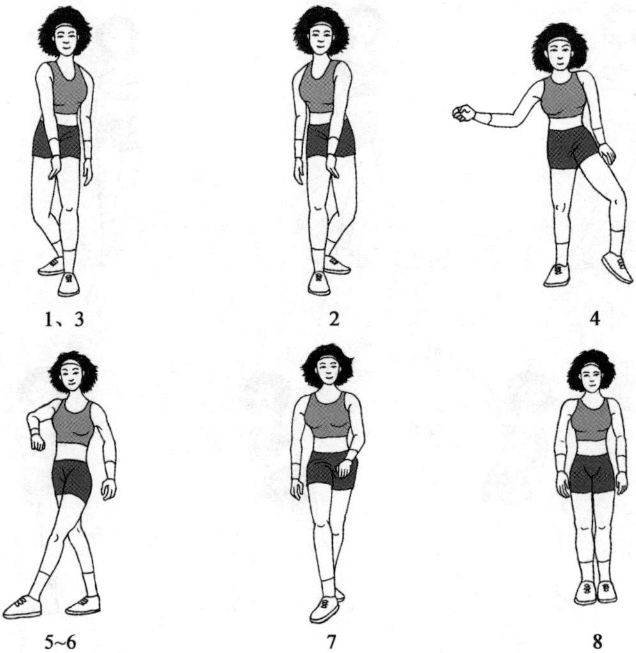

图 2-9　第四个 8 拍

7 拍转体。

8 拍右脚收回成并步。

(2)手臂

双臂自然摆动。

(3)手型

双手自然放松。

(4)面向

1 点。

第三章　课程思政理念下健美操教学现状与改革探索

当前，我国高校的体育教学非常重视对思政内容的加强。然而，真正的教学情况并不理想，本章将从健美操教学的基础理论指导、健美操教学的基本现状与发展、课程思政对健美操教学的重要意义、健美操教学与课程思政理念的核心、健美操教学落实课程思政的现状，以及课程思政理念下健美操教学改革的建议几个方面展开阐述。

第一节　健美操教学的基础理论指导

健美操的教学要在一定的理论指导下进行，才能保证教学过程的顺利，才能获得较为理想的教学效果。

一、健美操教学的特点

健美操教学活动既有一般体育教学的特征，也有自身独特之处，下面就分析一下健美操教学的主要特点。

（一）寓教于乐，陶冶情操

健美操本身具有很强的观赏性，加上运动过程中与音乐的配合，能给人以美的享受,因此受到人们的普遍欢迎与喜爱。健美操音乐的伴奏富于激情,可以说参加健美操本身就是一种美的享受。随着人们对健身个性化的追求,健美操运动形式和内容也得到不断丰富,以更好地满足人们健身、娱乐的需求。

(二)音乐贯穿教学始终

健美操运动与音乐的结合非常紧密,可以说健美操运动的开展离不开音乐伴奏,在优美的音乐旋律中,运动者充分展现人体美、动作美、精神美,而且这些美的因素与声音美、视觉美、感觉美融为一体,使健美操运动成为两种极具审美特征的艺术形式。音乐是健美操的重要结构,可以说音乐是健美操运动的灵魂。因此,音乐贯穿健美操运动教学过程的始终。

(三)重视直观教学

健美操运动也有许多技术要求较高的动作,一些动作难度较大。因此,在健美操教学过程中,直观演示非常重要。教师通过身体力行,为学生领做,然而配合语言提示教学法,使学生产生完整的直观印象,学生随着教师的反复领做不断练习,可以熟练掌握健美操技术。

(四)动作组合教学法的广泛运用

随着健美操运动的不断发展,有些崭新的教学方法被应用到健美操教学之中,如金字塔法、线性渐进法、连接法、递加循环法、层层变化法、过渡动作法等一系列以组合动作为单位的持续、连贯教学方法受到教育者的欢迎。这些教学方法都是在一定的音乐伴奏下,教师不断领做、重复并提示不同的单个动作,使学生对这些动作及动作间的连接能够基本掌握,最后将这些动作组合起来进行系统的掌握。整个教学过程中,教师领做、学生跟做,身体练习持续进行。采取健美操组合动作教学方法进行教学,不仅有利于学生连贯地记忆组合动作,而且还有助于学生更加有效地衔接单个动作,从而更容易获得理想的教学效果。

（五）强调动作表现力，突出激情

在健美操运动中，通过面部表情和身体动作来对内在情感进行抒发的能力就是所谓的表现力。在健美操动作教学的过程中，要指导学习体现出动作力度、幅度和节奏的表现力，只有在理解了动作，同时对音乐的感受及其内在情感产生共鸣的基础上，才可以体现出较好的表现力。健美操充满强烈的情感，饱满的激情。在健美操教学中，学生能通过高水平的动作来体现自己良好的精神风貌，同时还能展现出激情的一面，这是健美操教学中的一个重点内容。

二、健美操教学的基本原则

（一）体现大众健身原则

大众健美操是一项普及度很高的大众健身活动，应区别于专业健美操和竞技健美操，因此它们的教学原则也不相同。

首先，老师在进行大众健美操教学之前，应该对爱好该项目的同学进行思想上的教育，引导学生树立正确的学习观念，充分调动学习的主动性和积极性。通过对基础理论和基本知识的讲述，增强学生对健美操的理解，提高学生对健美操的兴趣。

其次，在实际教学过程中，由于每个学生的身体机能、学习能力是不同水平的，老师应该注意把握教学进度和教学节奏。使学生整体的学习收获大致相同，保持健康稳定的学习心态，避免因为跟不上进度而焦虑从而导致厌学。总之，让学生愉快的学习才是最适合的学习方式。

最后，在具体动作方面，在初步教学中就应该规范和准确，如果初期养成错误的学习习惯，后期更改时会比较费力。

（二）体现健美操特点原则

健美操是体育和美学的结合是强身和塑形并重的产物。因此，教师对健美操的教学并不是简单的动作和技术上的教学，更主要的是艺术和表现性的教学。健美操举手投足的美感都应该被注意到，被重视起来。作为融合了音乐和舞蹈的体育活动，而且难度适中，因此是一项符合大多数大学生的健美操运动项目。高校体育老师在大众健美操的教学过程中，应该不断完善教学方法，以便更好地体现大众健美操的特点，更好地满足学生的学习需要。

（三）体现主导性原则

自古以来，老师便是传道授业解惑的象征。在大众健美操的教学过程中，老师不仅在传授理论知识和动作技能，更重要的是师生之间的情感共鸣。老师的一言一行、一举一动都在学生的注视下进行，学生的身体语言也都在老师的时刻观察中。所以，健美操教学老师不仅要有丰富的理论知识、专业的动作技能，还要有良好的教学能力、灵活的教学方法。不断提高教学质量和教学效率，充分发挥自身的主导性优势。

（四）体现符合规律原则

高校大众健美操的具体编排、动作、强度等要坚持以人为本的原则。尊重学生的个体成长规律和发展规律。例如，女同学的生理期关怀等。不同性别所体现的男女的身体差异，同一性别所包含的不同个体能适应的强度、柔韧度，都需要老师在教学过程中予以重视。高校大众健美操老师在教学过程中不可急于求成，一味地进行高强度教学。应该在尊重客观规律的基础上再充分发挥主观能动性，科学教学、合理教学，符合学生体育运动需要，逐步提高教学质量和教学效率。

（五）体现主体性原则

素质教育一个最明显的特征就是发挥学生的主体性，不断鼓励学生主动学习、多维学习，使自己得以全面发展。传统的教育方式只是学生被动地接受，学习情绪较为低迷，学习效率较为低下，相对不够科学合理。素质教育打破了这一界限，发扬了授人以渔的教学观念。要想鼓励学生多方面发展，体育老师必须与时俱进，用全面发展的眼光培养人才。

例如,就大众健美操教学而言应该培养学生独立编排的能力、领操带队的能力、组织竞赛的能力和以少带多的能力等。这样不仅有利于树立学生的主体地位,还有利于充分发挥学生的主观能动性和互帮互助、团结友爱的学习氛围。

(六)体现时代精神原则

时代精神是健美操编排过程中不得不引起重视的因素,我们不可故步自封,墨守成规。随着时代的发展,不同文化相互碰撞,我们在取其精华、去其糟粕的基础上引进了许多世界先进文化。大众健美操应该大胆借鉴其他运动项目,不断与时俱进,丰富大众的学习内容。努力实现传统文化和创新精神相融合,体现实现我国伟大复兴中国梦的内涵。使学生在学习大众健美操,感受体育运动的同时不断完善自己的世界观、人生观、价值观。

三、健美操教学目的与任务

(一)发展一般身体素质

优秀的身体素质是学练各个体育运动项目的先决条件。健美操运动对人体的力量素质、耐力素质、柔韧素质、灵敏素质以及协调性等都有较高要求。因此,在健美操教学中,教师应强调对学生一般身体素质的训练,学生也应该自觉地重视发展自身的一般身体素质。

身体素质水平的高低,决定了学生运动能力水平的发展。因此,身体素质是一切的基础,而且应该在健美操训练和学习中不断地加强和发展,以应对更高难度技术动作的要求。

(二)发展专项身体素质

健美操的专项身体素质是以一般身体素质为基础并在各项身体素质的基础上提出更高和更具体的要求,比如心肺功能、力量素质、柔韧素质、耐力素质、协调能力、身体的控制能力等等。

健美操的专项素质主要包括机体的有氧代谢能力和无氧代谢能力、肌肉的力量素质以及爆发力、耐力素质，机体各个关节与肌肉的柔韧性，机体的平衡能力、协调能力、灵活性、对运动感觉的准确度和敏感度等。专项素质是健美操的基础，具备了扎实的专项素质才有能力完成高水平的健美操技术动作，是实现高质量动作、具有表现力和美感的基础条件。

（三）丰富学生对健美操的认识

（1）帮助学生学会提高专项身体素质的理论与方法。

（2）帮助学生增强自我保健意识，了解自我保健常识。

（3）帮助学生掌握健美操运动中动作与音乐配合的技巧。

（4）帮助学生掌握健美操创编的规律与方法。

（5）帮助学生识别健美操音乐的节奏。

（四）培养学生健美操技能

（1）掌握健美操动作节奏与方法。

（2）掌握健美操动作技术细节。

（3）掌握健美操运动恢复的方法。

（4）提高健美操动作技能。

（5）纠正健美操错误动作。

（6）改进健美操单个动作或连接动作技术。

（7）提高健美操动作表现力。

（8）增强各项身体素质。

（9）提高动作与音乐配合的一致性。

（10）增强音乐感、节奏感。

（11）塑造良好的形体。

（五）培育学生情感

（1）培养学生学习健美操的兴趣。

（2）加强学生组织纪律性建设。

(3)增强动作的情感表现力。
(4)增强学生的自信心。
(5)提高学生的竞争意识。
(6)增强学生的合作意识。
(7)培养良好的意志品质。
(8)培养责任感与事业心。
(9)培养学生养成认真细致、精益求精的学习态度。
(10)培养和提高学生的创造性思维。
(11)帮助学生树立正确的审美观。

(六)培养心理素质

健美操运动的项目特点决定了健美操习练者的性格倾向于外向的、活泼的、充满朝气和灵动的,他们往往积极主动,身体健康,天生具有良好的表现力,并且有很好的美感和自我要求。

练好健美操还需要具备一定的心理素质,包括坚强、有进取心、具有健康的人格和稳定的情绪等,以及较强的感知能力和表达能力。很少有人天生就完美地适合某种运动项目,一般都需要在一定的基础之上进行指导和培养,经过长期的训练而逐渐具有较高的运动水平。加强对学生的心理素质的提高,是掌握健美操的一个前提条件。

(七)提升智力水平

健美操运动是一项综合了身体素质、专项技能、审美素养和智力水平的综合运动项目。对智力水平的要求体现在学生需要在短期内掌握成套的复杂动作,每组动作都有不同的表现情绪及编排特点。学生不仅要在一定时间内一气呵成地完成大段的组合动作,还要同时做到情感表达具有感染力和美感。

另外,人体出色的协调性也是大脑运动神经高度发达的结果。协调性是健美操习练者必须具备的重要素质,这些特点都决定了健美操运动对人体的智力水平有较高的要求。

第二节　健美操教学的基本现状与发展

我国健美操教学已经发展了许多年，是体育教学的一个比较传统的项目，因此培养出许多优秀的健美操运动员，不仅如此，在教学方面也积累了大量的经验。然而，尽管早期曾有过一段快速发展的时期，但是后来便一直延续最初的教学经验，并没有取得明显的突破和发展，这在很大程度上制约了我国健美操运动的发展进程。本节将以高校为例探讨我国健美操教学的基本现状和发展情况。

一、健美操教学的基本现状

（一）教学资源十分匮乏

尽管健美操教学走进我国校园的时间较久，但是由于后期发展较为缓慢，因此在许多方面都不如其他运动项目发展得好，其主要原因是教学资源十分匮乏，制约了课程的开发。高校的体育教学比较重视学生的实践，以及与社会的接轨，因此在教学内容上有较大的比重会参考当前社会上比较主流的运动项目。健美操在20世纪80年代迎来它的发展高峰期，当时，不仅在校园内，在广播、电视等媒体上都有很多的相关内容。

然而，近些年来，健美操不但没有明显地发展，反而表现出远远落后于人的迹象。以高校的健美操教学为例，至今仍沿用几十年前的教学大纲和教学内容，鲜少有创新，这对健美操的发展十分不利。同时，不仅学生在课堂上接受的教学信息十分有限，而且他们在日常生活中也很难获得丰富的健美操资源。总之，由于当前各种竞技运动快速发展，人们很容易被更加新鲜有趣、资源更加丰富的运动项目所吸引，因此，健美操后期发展乏力，并没有跟上时代发展的趋势，从而影响了它在高校体育项目中的地位。

（二）教学时长较为零散

尽管健美操是高校体育教学的保留项目，但是逐年来一再地被其他更为热门的项目挤压，其教学时长越来越少，长此以往，不利于学生培养兴趣，对健美操的进一步发展也极为不利。比如，除了基础的体能训练课之外，高校的体育课程一般多以选修课的形式设置。也就是说，学生可以根据自己的兴趣爱好选择相应的科目，一般男生大多选择篮球、足球等球类项目，女生则选择游泳、普拉提、瑜伽等项目，这样，受欢迎的科目就会增设更多的课程，而被冷落的课程就会逐渐地被边缘化。

健美操就处于这样的尴尬境地，教学时长较短，时间分配也相对比较零散，这些条件加在一起，对健美操的教学十分不利。由于课程资源有限，热度一般，得到的关注就会越来越少，愿意选修的学生也会越来越少，那么长期下去就会对健美操教学产生消极的影响。

（三）师资力量明显不足

在以上提到的教学资源匮乏、教学时长较短这样的条件下，另一个制约高校健美操教学现状的因素是师资力量明显不足。健美操曾经的辉煌不再，不断地有新兴的、时髦的运动项目出现，极大地吸引了年轻人的注意力，这在一定程度上也会影响高校的体育课程设置。较长时期以来，健美操在高校体育教学中逐渐出现被冷落的趋势。相应的，高校对健美操的重视程度逐年下降，对健美操教师的培养也较为被动，因此，种种原因造就了今天健美操教学不足的基本现状。

（四）教学内容较为单一

现今，大多数高校健美操课的教学内容还是比较单一，多采用传统规定的套路教学，课堂中的延伸内容较少，无法激发当代大学生的锻炼兴趣以及需求。加之，随着社会的不断发展，人们生活水平大幅度提升，对自身的人体健康水平的要求也不断提高，健身的需求也增加，因此在社会中各类健身活动也逐渐增加，如健身操、广场舞、有氧舞蹈等，形式多样，导致大学生对学校单一的健美操的兴趣往往会有所减弱，这直接会影响到学生学习健美操的积极性，进一步影响教学效果。

（五）教学方法无创新性

现今，高校健美操在教学模式上主要存在的还是教师示范、学生模仿自行反复练习，没有注重学生的主体性，学生学习健美操的主动性和积极性也不够高。显然这种方式已经满足不了当代大学生的学习需求，同时也没有注重到个体的差异性。虽然有不同的教学理论模式应用到了高校健美操的教学当中，如探究式教学、分层式教学、翻转式教学等等，但真正运用到课堂教学中的较少，而且这些教学方法也比较单一，无法满足学生学习健美操理论知识，对培养学生的德、智、体、美、劳全面发展也有所缺失。以上存在的种种现象严重影响了高校健美操的教学质量。

（六）理论课知识匮乏

健美操理论课的学习对学生练习健美操技能具有一定的指导意义，但许多高校体育教师在健美操授课过程中，往往都忽视了健美操理论课的重要性，以至于学生对于健美操的特征、作用、种类、基本要求、教学方法、教学原则、节拍、配乐、竞赛的规则，以及练习过程中的注意事项等基础理论都比较匮乏，高校的健美操课也就达不到教学目标所要求的教学效果了。因此，在教学过程中，必须注重理论与实践相结合的教学方式，才能提高学生学习健美操的效率、拓展学生的知识面以及防止运动损伤。

（七）考核方式不够健全

在健美操的教学过程中，考核起着监督学生学习过程和激发学生积极主动学习的作用。当下，许多高校的健美操课程考核方式比较简单，只是以在课堂中所学的规定动作来作为考试的评判标准，缺乏考核学生综合能力的设置，没有创新性。导致大学生学习健美操主要是为了应付考试，考取学分，这就忽视了学校开展健美操课的真正目的，最终使高校开展健美操课程的价值与意义大打折扣。

三、健美操教学的发展策略

（一）建立新型教学模式

创新精神推动时代进步的动力，对于高校的体育教学也是一样的道理。基于目前的发展现状，亟须对健美操教学进行创新式改革。根据当前国家体育事业发展的总体战略，以及对高校教学的方针政策，以丰富学生的学习体验，满足社会对人才多样化的发展需要，高校应尝试建立起新型的健美操教学模式，并培养师资力量、广泛挖掘教学资源。对体育教育事业进行新的认识，开创高校健美操新型的教学模式，从而促进学生养成终身体育的意识，将健美操纳入终身体育的重点项目之一。

当前主流的创新教学模式，基本上采取线上线下混合式教学这一途径。尤其经过三年的新冠疫情的考验，线上教学已经发展出较为完善的教学方法，并且学生和教师都已经适应了线上教学。通过和线下课程的结合，可以很好地补充健美操教学资源匮乏和师资力量薄弱的短板，为高校的健美操教学带来新的发展机遇。

首先，在线下健美操课程中教师传授相关健美操实践内容，但是在线上，健美操教师则可以多进行健美操理论课程的教学。其次，在线下教学中健美操教师可以进行比赛、竞赛等具有竞争性的活动，也可以分组练习，锻炼高校学生的团结协作能力，而在线上可以观看相关比赛视频，总结经验交流感受。线上课间也需要教师对学生及时进行互动沟通，处理好师生之间的关系，了解学生的喜好，注重学生兴趣和能力的培养，充分发挥高校健美操教师的主导作用。

（二）改善教学条件

对于健美操项目来说，场地、器材、设备达到较高水平是其主要特点。随着教育的基础设施设备完善、教育环境不断建设，为健美操教育奠定了基础。要为学生建设优良教学环境，以此来激励学生参与健美操。另外，多媒体相关设备的质量也为教学提供了更好的条件，为了让学生自主决定自己的学习内容，学生可以修改一些动作难度，所以健美操的完成度很高。

作为一种审美性极强的运动，健美操对教学环境和教学条件具有较高的要求，比如要建有专门的宽敞明亮的教室，教室要配备音像设备和防滑地板，以及整面的镜子，以便学生在练习时可以观察自己的动作，可以边练习边纠正。

（三）拓宽教学内容

在教育和学练的过程中，教育内容是必然传达的重要信息，完成教育任务是重要的前提，同样也是教育活动开展的重要依据。学校应合理改善体育课程安排，增加体育课时，使学生爱上运动。

按照对健美操教学内容的形式进行分类，具体为实践型教学内容、辅助型教学内容和理论性教学内容，还包括瑜伽和拉丁的健美操等都属于新型健美操教学内容。健美操是一项具有新兴特点的面向年轻人的项目，创新和改革健美操的教学内容，并使它跟随时代的发展潮流，有利于提高健美操在高职院校中的宣传力度。由于近些年健美操运动被广泛传播，健美操相关理论知识体系以及教学内容和方法的发展飞速前进，更新频率以月为单位。及时有效地关注流行音乐和舞蹈手势进行学习编排，从而在课上传授给大家。在高校健美操教学过程中保证更新的方法和想法，对其他体育运动新颖的教学内容不断吸收，同时不断加强。不断丰富学生的训练方法并及时做出改善，调整适合的健美操的训练方法，提升学生的身体素质发展，推动健美操在高职院校的发展。制定健美操教材要遵守三个原则，分别是主体性、科学性和实用性，以此保证高校学生可以依据教材来有效地学习健美操这项运动。

（四）丰富教学方法和评价系统

在当今高速发展的时代里，运用多媒体形式进行教学，是时代发展的必然趋势，也是培养学生学习兴趣的一个重要手段，所以高校应多利用多媒体进行健美操教学。学生可以在课堂上或者课下都可以学习健美操。健美操教材随着时代发展在不断变化，所以现有的教材无法支持现代教学，无法满足学生需求。对于高校来说，需要能够适应统一要求的健美操教材，以及对应的多媒体软件，促进高校的健美操更快、更好地发展。

男生因健美操动作柔美而不好意思参加又或觉得健美操就应该是女子专属项目这种传统观念的影响，多数男生喜欢剧烈的运动进行练习，如果能抛开偏见，男女都参与到其中的话，有利于健美操的发展。另外，通过学生学习健美操的原因调查可知，高校的学生从事健美操有着各种各样的原因，包括健康原因、审美原因、音乐原因等。建议健美操教职人员对健美操的教育内容以及方法等进行进一步的研究，满足不同年龄段、不同性别生理、心理差异都适用的需求。

在教学中应及时对学生的学习进行评价，会起到积极作用，能够促进学生对今后参加健美操运动充满兴趣和信心。高校的健美操课程评价方式主要参与度以及上课时的学习态度以及考试时能否做到规定的动作结合身体姿态是否优美等情况进行评分和评价。因此，健美操教师客观、及时的学习评价对改善健美操教学具有重要意义。

（五）加强师资队伍建设

丰富的健美操师资队伍是决定健美操教学能否取得优良成绩的重要因素。想要提高高校健美操师资队伍，就要强化师资队伍建设。

应积极引进人才充实健美操教师队伍，或多组织健美操专业教师参加专业性培训。高校健美操教师男女比例差距大，职称结构分布不均衡，学历方面只有硕士占据少数，没有博士，所以要加强重视高水平层次人才引进，补充师资力量。另外，高校健美操教师只有部分是专业的，多数是参加工作之后经过相关培训就进入了健美操项目，对理论没有完全的熟悉和把握，教学中缺乏应有的感染性，对健美操理论知识不理解只存在于表面，就会导致动作的不标准以及对待学生要求不够严格。这种现象无法满足学生学习需求，也不能激发学生的学习动力。

高校健美操教师必须确立终身体育的理念，及时掌握健美操最新内容，努力转换旧的教育观念，积极参加相关的研修和业务研究活动。通过提高专业化水平，努力提高健美操教师的学历水平，加强创新精神、钻研精神，不断研究出更适合学生的教学内容，尝试创造新型教学手段，提高健美操教师教学、科研等综合能力。

(六)激发学生的主动性与积极性

无论什么科目,学生永远是教学的主体,要想提升教学效果,首先要做的就是激发学生的学习积极性。健美操这项运动本身实际上非常有活力,充满美感,这些特征都非常适合高校大学生的运动需要。因此,只要学校能够采取合适的方式,激发出学生对健美操的学习热情,就能达到事半功倍的效果。具体来说可从以下几个方面着手。

(1)结合当前的热门运动形式,进行内容的创新编排。通过对内容的创新,可以有效地吸引学生的关注,自然会激发学生主动学习的兴趣。

(2)适当降低健美操的难度。为了吸引学生积极尝试健美操的练习,可以适当地降低难度,从而促进学生摆脱畏难心理,这也是提升学习积极性的一个有效途径。

第三节 课程思政对健美操教学的重要意义

在课程思政的理念下,可以提升健美操教学的思想性和系统性,从长远来看,这可以有效地促进健美操的发展,并且提升学生的思想政治水平,对未来的人生发展具有积极意义。

一、课程思政可以激发学生的学习兴趣

课程思政元素可以激发学生的学习兴趣,使学生产生积极进取的动力。通过帮助学生树立正确的人生观和价值观,可以指导他们学会规划自己的学习和生活,形成良好的习惯,并令其终身受益。另外,通过课程思政学,帮助学生意识到各个学科之间所具有的内在联系,以及养成辩证的思维模式,以及触类旁通的能力。

二、课程思政有助于立德树人

课程思政最核心的意义就是立德树人，高校培养的人才不仅要具备社会建设所需要的高精尖能力，还应该具备过硬的思政水平。课程思政是保障人才具备这一综合素质的前提，即一方面要加强对学生专业技能的教学，另一方面还要加强思政素质的培育，把课程和思政紧密地融合在一起，把培养和践行社会主义核心价值观与健美操教学的各个环节紧密联系在一起，有利于培养学生顽强的意志，坚韧不拔、吃苦耐劳的精神，立德树人，守正创新。

三、课程思政能弘扬爱国主义精神

弘扬爱国精神是课程思政的重要组成部分，具体内容如下所述。

(1)从音乐的选择入手，选取具有代表性的、具有爱国情怀的音乐；

(2)在技术动作教学过程中加入中国风元素。使学生沉浸在中国文化之中，潜移默化地影响学生的思想，激发学生的爱国之情，促进学生国家观的形成；

(3)在理论课教学中通过观看精彩的比赛视频(例如女排夺冠、李娜网球夺冠等)，唤醒学生对体育的热爱和激情，对国家的民族荣誉感；

(4)讲解健美操的起源和发展、中国健美操队世界杯夺冠视频及相关的理论知识，激发学生对健美操的学习兴趣以及爱国之情。

四、课程思政有助于形成团队精神

充分挖掘、利用好健美操课程中的思政元素，最大限度地发挥课程思政的作用，使健美操教学与课程思政水乳交融，合为一体，从而进一步促进健美操课程的完善和发展，健美操作为一项体育运动，不仅要求学生掌握相关技能，对他们的奉献精神和社会协作能力要求也较高，比如通过小组练习的形式，培养学生的社会交往能力，群体中会有不同性格的同学，每个人的关注点和行为方式都有差异，这是锻炼团队协作能力的最好时机。通过课程思政的引导，能够有效提升学生的团队意识和配合能力。

第四节 健美操教学与课程思政理念的契合性

健美操集音乐、舞蹈、操化动作于一体，其形式多样、内容丰富，极具活力和动感，具有健身、表演、休闲、社交等多种社会功能，因此受到大多数学生的喜爱。课程思政的特点就是通过更多的角度来融合思政元素，让学生在练习的同时，通过教师的引导进行思考，从而逐渐锻炼自身的思政水平。

一、健美操教学主体契合“课程思政”育人主体的方向

课程思政反映了国家对学生德育的重视，课程思政也是新时代加强思想政治教育和推进全面素质教育的重要举措。为了让大学生形成民族自信心和自豪感，继承民族的精神命脉和基因，使学生主动肩负起传播传统文化和向上精神的责任，从而促进学生在提高自身的同时，也为中国的体育事业贡献一分力量，其中健美操专业课也发挥着重要的作用。在对健美操技能掌握和健美操文化的传承中，内外兼修、道德品质的高低是对健美操舞者的重要考察和衡量标准，具体表现在舞者的爱国、修身、立志及品德的发展。因此，学生在学习健美操专业知识和技能的同时，也要注重自身道德品质的发展，使健美操学习者养成吃苦耐劳、团结协作、创新拼搏的良好意志品质。促进身体和心理的协调健康发展，担负起传统文化、社会主义核心价值观以及操舞文化传播的重任，使自身真正成为一名合格的健美操习得者，具备健美操舞魂。

二、健美操教学理念体现"课程思政"育人理念的精髓

"才者,德之资也;德者,才之帅也"。就人才培养而言,育人和育才非常重要,虽育人为根本,但人无德不立,立德是育人的根本所在,而这个德既关乎个人和社会方面的德,更关乎服务人民、回报祖国的大德。因此,教育教学的根本是树德,而课程思政的理念正好与之相似。

首先,课程思政将专业课程与思政融合在一起,提高专业课程的育人价值。它要求将思想政治的元素融入其他学科中,并对学生产生潜移默化的影响,最终达成立德树人的根本目标。

其次,课程思政的建设成效在于学生,其改革效果如何,最终还是必须要学生来检验。

最后,课程思政要求显性和隐性教育相结合,在充分完成和发挥专业课程知识传授的情况下,对学生的价值观层面进行引导,将显性的专业知识技能与隐性的思政价值相结合,最终促进学生全面和综合能力的提高。

总之,就是要将所有课程潜在的育人价值挖掘出来,将思政教育融入教育教学的各个环节,从而发挥专业课程应有的育人价值,弥补专业课只注重专业知识技能的教授,而忽视育人和价值观教育的空缺,从实际上实现立德树人的根本任务。

高等体育院校健美操教育教学的根本目的是在培养学生学会专业知识和技能的同时,将健美操项目的团结、创新、舞动、审美等价值,深深融入学生的身体力行当中,使学生成为一名合格的"舞者"。其作为健美操教育的灵魂和核心,在课程思政背景下与立德树人具有高度的相似性。健美操中的德艺双馨、德艺兼修、内外合一、内外兼修、中国风等精神和内容,正是弘扬社会主义核心价值和传播中华传统文化的重要载体和途径。因此,学生在健美操学习过程中,要主动使自己的精神、思想、理论和实际行动接受健美操舞魂的洗礼,感悟健美操运动给予的丰富内涵,从而通过健美操学习达成与课程思政所传达的育人理念相同的目的。最终实现使学生使用正确的三观指导日常工作、生活、学习等方面,达到价值引领、能力提高、知识传授三者的有机统一。

三、健美操教学功能符合“课程思政”育人功能的要求

“课程思政”的目的归根到底还是要培育一批爱国家、高素质、守法律的全面发展的为社会主义事业鞠躬尽瘁的人。而对于学生的思想觉悟和素质上的培养，不单单是思想政治课一门课的责任。需要多方位、综合地对学生进行思政教育。因此，毫无疑问，每一门课都有思政价值，都有情感与价值观的教育要求，而这些要求正是思政教育的出发点和落脚点。进行健美操教育和教学，不仅可以培养学生的专业技能和知识，而且也具有独一无二的育人功能。

育德是健美操运动的灵魂功能。健美操步伐种类多，动作变化快，加上动感激情的音乐，使每个动作都充满活力和激情，而个体在健美操自我运动和锻炼中，充分放松，宣泄情绪，激发产生乐观、积极的情感，进而明确人生的前进方向，体验生活和人生的乐趣，减少负面情绪的产生，达到“以德治体，以体育德”的目的。健美操运动能够促进学生人与人之间的交流，淡化学生的自私自利的意识，强化学生的合作和集体主义意识，形成良好的人际关系网。此外，健美操中还有一些高难度动作，使学生在练习和训练过程中互相帮助，团结合作克服困难。育美是健美操运动的关键功能。体育院校健美操教学包括对成套动作、难度动作的学习，以及在音乐、色彩、身体动作相结合的韵律节奏中，通过合理的编排将动作技术与优美的舞姿结合起来，以体现出高超的技巧、健美的体型、柔美的姿态，从而将时代的艺术美与体育美赋予健美操课程中。健美操是绘画艺术，动作的直观性和表现性很强；是舞蹈艺术，是人体运动的凝练和精华；是音乐艺术，借助声音来塑造舞蹈动作和形象。因此，学生在学习健美操时，不能仅仅只关注技能的吸收和汲取，更应该在潜移默化中激发美的情感，陶冶美的情操，提升审美能力，树立正确的审美观。

育体是健美操运动的基础功能。增强体质是体育运动最基本的功能，任何时候健康都是第一位的，它是学习、生活、工作所必需的。任何运动项目都会以自己独特的运动方式促进身体的健康发展，健美操也不例外。健美操运动不仅可以使学生身心全面发展，以充沛的体力和精力处理学习、生活、工作上的挑战，而且还能调节身心、保持信心，以勇敢的态度面对困难与突发事件。健美操运动与音乐的结合需要充分调动身

体各个组织器官参与其中来完成动作,不仅可以培养学生协调性、反应能力,而且经常练习对心血管系统有着积极的正向作用。因此,在新时代下要积极呼吁学生参与体育运动和健美操运动,养成良好的体育锻炼习惯,达到塑形、健体、炼心三者的有机统一。

育智是健美操运动的拓展功能。当今社会,信息量的爆炸式增长和知识的急速更新,对大学生的知识储备和智力要求越来越高。智力的提高对将来个体和社会的进步所起到的作用越来越重要,而个体智力的发展与大脑和中枢神经的发育密不可分。神经系统的好与坏直接关乎智力的水平。健美操运动的核心在于需要身体各个部位的协调配合,并不断发生变化。因此,健美操的学习和练习始终伴随着各种新奇和刺激,并对中枢神经系统产生相应的"挑战",这就有利于改善大脑皮层的血流供应,提高其强度和灵活性,培养人的灵敏素质,强化记忆力和表现力。健美操动作的创编、音乐的选择和队形的变换又对学生的创造力和想象力的发展起到了至关重要的作用。学生根据自身的需要,将自己的想法注入健美操动作中,使之形成灵魂,发挥出健美操运动最大的价值。正是这种双向的促进,才使得促进健美操运动发展的同时,也促进学生个体智力的创造与发展。

总之,健美操教育教学功能是符合"课程思政"的育人功能的要求的。在高等体育院校健美操教学中开展课程思政,不仅起到了提高学生专业技能知识的作用,而且对学生的综合发展也起到了至关重要的作用。身为健美操教师,更应该加强健美操运动与课程思政的融合,深度挖掘健美操课程思政的内容与内涵,使之丰富的育人功能得以充分发挥。

四、健美操教学内容蕴含"课程思政"育人内容的内涵

理念践行是课程思政的核心,立德树人是课程思政的根本,而课程思政要想实施得到位,各门课程都要与思政教育相结合,充分发掘各门课程的思政教育元素。课程思政所要传达的内容体现在通过专业课渗透思政的方式,增强学生综合素养,使学生树立正确的人生三观,培养学生良好的道德信念和思想品质,使学生在有强大的专业素质的基础上,具备综合、健全的人格品质。"文化兴国运新,文化强则民族强",没有中华精神和中华文化自信的支撑,就不能培育出具备精气神的新青年,就

没有中华民族的伟大复兴。对于一个国家和民族来说，具有自己国家的精神与魂，才能在历次磨难中披荆斩棘，最终实现中华民族的伟大复兴。那么，对于当代大学生而言，不光要在专业知识与技能的学习上下功夫，也要在丰富自身精神涵养，加强自身理想信念坚定方面下功夫，使自己成为为社会主义事业奋斗终生的全面发展的体育人。健美操运动中就包含了丰富的文化和思政内容，在对学生进行理想信念教育和精神铸魂方面发挥着重要的作用。所以，我们要在健美操这门学科融合思政元素，在改革教学的同时，提高对学生综合素质培养的重视程度。

首先，健美操运动中的难度动作和成套动作要求学生克服困难，坚持不懈地呈现出完美的成套动作，以求达到最完美的艺术追求，这在学生精神品质的培养方面发挥了重要的作用，而健美操创编小组，则需要每个成员通过已有知识，对音乐和动作的选编、队形的变换以及服装的搭配等充分考量，发挥想象，以展现出合理的舞台表演和技术衔接，对学生创新和团结精神的培养发挥着重要的作用。健美操最重要的一点在于音乐与身体动作的完美与协调配合，这不仅仅构成了一幅丰富多彩、刚健、优美、和谐的动态画面，给人以对美的欣赏，而且丰富了对自身的感知、想象、情感、理解等审美活动有着重要的作用。

其次，健美操是一项充满美的活动，学生在运动中可以获得美的体验，塑造美的身体，并且培养自身感受美和欣赏美的能力，这就使学生在学习专业技能和知识的同时，既达到提高学生创造能力，丰富学生精神世界，锻炼和培养学生意志品质的作用，又能涵养精神意志，增强审美观念，坚定理想信念。从而让学生自己既有较高的技能和艺术修养，又有坚定的信念和高尚的人文素养，不忘初心，成为全面发展的时代新人。

第五节　健美操教学落实课程思政的现状分析

在健美操的教学中，如何能够有机地、恰当地将思政内容融入其中，是一个比较值得深入研究的问题。要想建立一套科学有效的方法，首先需要从当前的现状着手分析，从而为真正落实健美操教学的思政内容做好准备。

一、提高健美操教师的思政意识

在以往的健美操教学中，更多的是针对健美操本身进行教学，因此对健美操教师的思政意识和水平也没有具体的要求，但是随着课程思政的提出，首先应该加强的是教师的思政水平和相应的教学能力，在原本的专业教学中融入相适宜的思政元素，并寻找合适的教学手段。总之，要落实健美操课程的思政内容，需要首先从提高教师的思政意识、提高教师的思政水平开始。可以说，健美操教师的思政意识，是在教学中融入思政教育的前提，只有健美操教师具有了一定的思政水平，才能对学生开展德育培养，才能更加灵活生动地在教学中融入课程思政元素，对学生产生潜移默化的影响。然而当前的现状是，由于教师自身的思政意识和水平的不足，在教学过程中融入思政内容就显得十分生硬，可想而知也不会产生理想的效果，总之是一种浮于表面的思政教育。

二、明确健美操的教学目标

健美操课程当前的教学目标，主要体现为提高学生对健美操运动的兴趣，掌握一定的技能，并加强日常练习，从而培养学生对健美操的兴趣，并达到预期的效果。但是在课程思政的要求下，应该重新合理规划健美操教学的目标，从课程设置的角度，加强对思政内容的强化，从而达到思政教学的效果。健美操课程的现状，更多地停留在技能培训和兴趣养成上，缺乏对学生精神层面的熏陶和教导，这是今后教学中应该加强的方向。通过明确健美操的教学目标，从思政角度培育学生的思想道德水平，将健美操教学提高到新的水平。

三、健美操教学中思政元素不足

当前的高校健美操教学，还是沿用以往的教学大纲，以技能训练和成套动作的训练为教学的主要内容，对思政元素的融入不足，这与教师自身的思政水平以及现实难度有直接关系。

首先，思政水平不是在短时间内就能得到迅速提高的一种能力，如果健美操教师本身的思政水平有限，那么很难在短期内就能具有较高的水平。

其次，将思政融入健美操的教学本身就具有相当的难度。

因此，目前的状况是健美操教师有了在课程中融入思政内容的意识，但是在实践中整体表现为力不从心，只能象征性地或者蜻蜓点水式地加入思政的元素。

四、健美操教学中创新意识薄弱

目前，健美操课程教学中主要采用示范讲解法、分组练习法、错误纠正法等以教师为主导的教学方法。这种教学方法能够快速完成教学任务，但是也存在弊端，忽视了学生的主体地位，一味灌输式教学，容易使学生丧失学习兴趣。同时，由于教学方法单一，教师更注重动作技术要领的讲解以及动作完成质量的评价，而对成套动作技术中蕴含的价值观念的引导与讲解有所忽略，导致学生对成套动作的理解不够深入，影响学生对成套动作情绪表达的理解。另外，教师教学方法缺少创新性，不能将新观念融入教学，缺少对学生思政价值的引领，导致整堂课教学缺少情感与活力，从而使学生缺乏学习积极性，进而影响教学效果的实现。

五、健美操评价标准尚需完善

目前，高校健美操课程的考核评价形式主要是动作技术考试，理论知识为辅。由于没有建立较完善的评价体系，导致学生的总体学习情况得不到及时反馈评价，学生只重视动作技能的学习，忽视了与健美操项目相关的理论知识、德育、美育、智育价值等。这种学习方式容易让学生失去兴趣，学生的主体地位无法充分体现，影响教学效果。因此，健美操课程的评价标准还有待完善。

第六节　课程思政理念下健美操教学改革的建议

在课程思政的教育背景下，加强健美操教学模式的改革是十分有必要的。为了更好地创新出有效的健美操教学模式，促进健美操教学模式体系的进一步完善，特提出以下建议。

一、加强学生主体意识的培养和提高

伴随着课程思政教育的不断推进，传统的教学方式也发生了颠覆性的改变，师生在教学中的地位出现了微妙的改变。以往的“教师中心论”成为过去式，体育教学逐渐从以教师为中心的教学模式向以学生为主体的教学模式转变。学生在教学中处于绝对的主导地位，当前的体育教学强调培养学生的创新能力、自学能力等，同时促进学生的个性化发展，这是以往旧有的教学模式不具备的功能。在课程思政的教学理念下，教师更多的是合理地融入思政元素，并逐渐培育学生的主体意识，使学生能够自发地从社会主义核心价值观出发，在学习和实践中不断提升自己的思政意识和水平。

二、在演绎型教学模式中加入思政元素

一般来说，教学模式的形成主要包括归纳法和演绎法两种。归纳法是从一般到特殊，而演绎法则是从特殊到一般。演绎教学模式非常强调以科学理论作为指导，通过这一模式的利用，能为预期教学目标的实现奠定良好的基础。可以说演绎型教学模式是教学模式发展的一个重要趋势。

因此，在健美操教学中，教师也要根据教学的需要，灵活运动演绎型

教学，将思政内容深入浅出地引入课堂，在多个角度和层面进行推演，对促进学生深刻地掌握所学知识具有积极作用，也对推动健美操教学的质量具有帮助。

三、在以人为本的教学理念中融入思政元素

目前，我国各学校基本都实行了选项课教学模式，通过选项模式的改革，进一步拓展了课程的目标。在这一教学模式下，学生的身体素质、心理素质以及专业运动技能等都得到了有效的培养和提高。在健美操教学中，还要求学生通过反复不断地练习逐步提高自己的专项技能，充分贯彻与落实“以人为本”的教学理念，提高健美操教学的科学性。

除此之外，以人为本的教学理念不仅能够提高健美操教学的效率，而且还有利于融入思政内容，引导学生自主展开思考与探索，从而发展自身的辩证思维能力，形成有利于社会主义建设与发展的价值观和人生观。

四、在体验式教学模式下加强课程思政

体验式教学非常注重学生在学习过程中的感受与体验，学生可以将自己的学习体会与同伴分享与交流，在这一过程中学生能积累到大量的学习经验，将这些经验充分运用于学习之中，又能进一步提升自己的学习能力。由此可见，体验式教学模式具有良好的教学效果。

在课程思政的教学理念下，加上应充分利用体验式教学的优势，在健美操教学中，以学生为主体，在高度重视学生主体性发挥的前提下，引导学生深入学习与理解相关的道德、政治等思政问题。通过健美操的学习，开拓学生的体育视野和文化视野，从一个特别的角度思考、竞技体育、国民健康、国家发展以及错综复杂的国际关系问题，这对促进学生的成长以及日后顺利进入社会具有积极意义。

五、利用导师制教学模式加强思政教学

课程思政教学理念下，各个学科的教学活动都更加倚重导师制教学模式。这是因为，要提升学生的思政意识和能力，必须在教师的引导和指导下进行。或者说，在课程思政的要求下，导师制教学模式是对学生加强思政教育的重要手段，是保证教学效果的有效因素。为了进一步提升健美操教学的质量，以及更加有效地融入课程思政内容，应该充分利用导师制教学模式，充分利用教师的专项能力组织教学活动。在教师的带领下，有机融合健美操课内技能实践、课外技能管理以及在这一过程中遇到的思政元素，在不断提升学生健美操技能水平的同时，发展学生的思政能力。

第四章　健美操教学设计的基础指导

健美操教学是高校体育教学的重要组成部分,是训练学生欣赏运动之美,以及养成健身习惯的重要环节。因此,对健美操的教学设计可以直接影响学生今后的运动习惯的养成,以及对审美能力的训练。本章将从体育教学设计理论、健美操课程设计的理论基础、健美操课程设计的程序与模式以及信息化教育背景下健美操网络课程设计展开研究。

第一节　体育教学设计理论

一、教学设计的概念

体育教学设计属于教学设计下面的一个分支,在了解体育教学设计的概念之前,需要先掌握教学设计的概念。然而,教学设计的概念,目前学界还没有达成统一的认识。国内外的学者对教学设计的概念,各自有各自的侧重,从不同的角度对教学设计进行了阐述,综合在一起来看,有助于比较全面地理解教学设计的概念。我国学者对教学设计持有的比较普遍的观点为,教学设计就是为了达到既定的教学目的,从而教师应该教什么、怎么教等工作进行的设计。或者说是运用系统方法,确定教学目标、选择教学方案、评价教学结果和修改解决方案的过程。

尽管现在学界对教学设计还没有形成统一的观点,但是为了方便教学工作的开展,会对教学设计有一个普遍的认识,一般在实践中,在教学活动正式开展之前，以教学主体为主导，以教学目标为依据，然后对组成教学活动的各要素进行分析和策划的过程。

二、体育教学设计的概念

在对教学设计理解的基础上，体育教育主体开展的对教学活动的一系列的策划与分析工作的过程即体育教学设计。结合体育教学的特征、国家对未来体育事业发展的要求以及不同学校自身的现实条件，从而设计一套切实可行的现代体育教学的整体方案。

现代体育教学设计包含以下主要内容。

(1)要确定合理的、符合现实情况的体育教学目标。

(2)要科学地设计教学内容、选择教学方法、制订评价系统，根据体育教学的特点、学生的现实水平以及学习需要，合理安排体育教学活动。

(3)有效借鉴先进的教育理念，坚持以人为本、以学生为教学主体开展教学设计工作。

总之，为了获得良好的体育教学效果，由体育教师与学生共同参与，确定体育教学目标，选择最合理的教学方法，并且在此过程中结合体育教育学的相关理论，以确保教学设计过程的科学性、教学内容的合理性，最终形成一套既有理论基础，又符合实际需要的体育教学活动方案。

三、体育教学设计的基本原则

和其他教学活动相比，体育教学具有一些独特的特点，因此在进行教学设计时需要遵循一定的基本原则，才能保证设计工作的顺利开展。体育教学的内容涉及许多学科知识，体育教学设计的优劣将对学生产生截然不同的影响。体育教学不仅是对学生身体素质和运动技能的训练，而且也是对学生心理素质、意志品德的塑造。因此，优秀的体育教学设计应该兼顾以上这些因素，涉及学生身心的健康成长，是一项严谨的前期教学组织工作，它需要在遵循一定原则的基础上进行。鉴于这些原则的形成多为体育教学的经验所汇集而来，因此它可以对体育教学的设计工作起到一个导向的作用，只有在遵循这些原则的基础上进行体育教学设计，才能使教学设计工作事半功倍。

体育教学设计的原则（图 4-1）众多，这里我们只对其中一些较为重要的原则进行阐述。

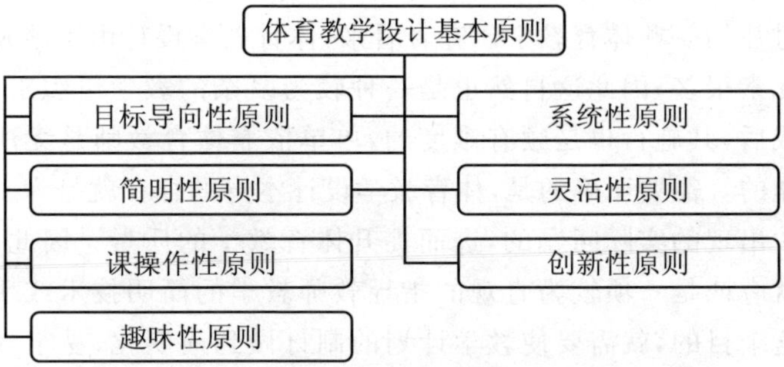

图 4-1　体育教学设计的基本原则

（一）目标导向性原则

目标导向性原则是指体育教学设计的整体及其中的所有环节始终要以体育教学目标为基础进行，使全部教学设计内容要与教学目标相统一。

体育教学的组织与实施涉及众多元素。为此，体育教学设计者在开展相关设计工作时就要时刻将设计方案与教学目标相关联。

（二）系统性原则

系统性原则是指体育教学设计的整个过程要贯彻体育教学系统论的思想，使其成为一个有机统一的整体。也就是说，体育教学设计要完全遵循系统的理论，并且在运用系统的理论来分析问题和解决问题，任何设计的环节都不能脱离这个整体单纯存在。为此，在进行体育教学设计时要做到从体育教育的整体考虑，对其中涉及的各种教学因素都要有所顾忌，详细分析各种可能发生的情况，并预想出多种解决方案，再对这些方案予以推敲，优中选优，最终确定最佳的教学方式。

（三）简明性原则

简明性原则是指体育教学设计的过程与方法便于理解并且容易施行。在过往的一些体育教学研究者看来，体育教学设计由于涉及体育教学中的元素很多，因此这自然也是一种较为复杂的教学组织工作，而当设计完成后，其施行也是颇有难度的，单单依靠体育教师是无法完成这样的工作的。需要明确的是，体育教学设计本身的存在就是为了解决体育教学中出现的实际问题的，进而提升体育教学的质量。因此，体育教学设计就应该是一项较为直观的指导教师教学的简明技术或手段。为了达到这个目的，就需要使教学计划的制订做到简明化，易于教师的理解和实施。这里特别说明的是，遵循简明性原则开展的体育教学设计并不代表是低水平的教学设计。这就好比圣人之言并非那些深奥难懂的语言一样。反观体育教学计划，要想实现这种简明化，就需要设计者对体育教学设计的相关理论有较为深刻的理解，只有以此为基础，才能在整个教学设计中既做到简明，又没有漏掉关键的教学元素。

（四）灵活性原则

灵活性原则是指体育教学设计要留有一定弹性的、可用于调控的空间，以期可以针对不同的教学元素进行设计。

在体育教学中，常见的设计需要灵活应对的因素可能为课程类型、学生不同的体育素养以及不同学校的体育教学条件与环境等。例如，体育教学通常在室外的环境中进行，为此，在进行体育教学设计时就要充分考虑到室外环境可能出现的各种问题，如严寒和酷暑天气如何处理、课程进行过程中突来恶劣天气等，针对这些情况，在教学设计时就要制订好应对措施。

（五）可操作性原则

可操作性原则是指体育教学设计方案应能够在体育教学实践中体现出切实可行、形势稳定的特点。只有秉承可操作性原则设计出来的教学方案，才能在实践当中获得顺利应用，才能使教学过程更加顺畅，学生的学习也更加轻松。

为了使体育教学设计符合可操作性原则的要求，需要设计者根据教学实际条件和学生的实际情况出发制订方案，而不是过于依赖“拿来主义”，生搬硬套其他体育教学的成功经验。只有这样才能制订出切合自己学校及班级特点的教学目标，安排与现有教学条件相适应的、可操作的教学内容。

（六）创新性原则

创新性原则是指在体育教学设计中要对传统教学元素的制订与编排敢于突破和创造。创新思维是现代体育教育改革所要求的重要方面，为此，就需要体育教学设计者和体育教师在对体育教学相关内容进行设计时要时刻秉承创新理念。具体设计时应对传统体育教学中值得保留的内容予以完善或做出与现代教育理念相符的改造，而选择新型教学方法、教学手段和教学内容时应该在条件允许的情况下敢于尝试、开拓创新。如此设计出的体育教学方案的含金量才更高，才更容易得到各方的认可。

（七）趣味性原则

体育教学与其他学科教学不同，它本身具有课堂氛围相对轻松、活泼的特点。为了突出这一特点，使体育教学成为学生乐于参加的教学活动，就需要在体育教学设计之中加入一些保持这些趣味性元素的内容，如在体育教学中设计一些有趣的小比赛、小游戏等。如此一来可以更加吸引学生，特别是对年龄越小的学生效果越好。当然也应该注意的是，游戏只是一种教学方法，对于游戏的时间和形式不是完全自由的，它要与教学内容结合起来，或根据课程需要恰当安排。为了遵循良好的趣味性原则，在进行体育教学设计时还要注意以下事项。

(1)体育教师应对学生感兴趣的游戏形式有所了解，并以此对游戏活动做出合理安排。

(2)体育教学设计要注意加入一些时下较为流行的教学方法与手段，以为高质量的体育教学课程提供方法保障，这点对那种运动技术较为枯燥的练习格外重要。

(3)在进行体育教学设计时要对教学内容进行细致分析，研究其中是否存在与游戏教学法相结合会产生更好教学效果的部分。如果有，便可以大胆将其与游戏相结合，使学生在欢乐的游戏氛围中潜移默化地获得运动技能的提升。

四、体育教学设计的特性

在进行体育教学设计工作时，还要注意把握体育教学设计的特征，这样能够有效地提升工作效率。另外，了解了体育教学设计的特征，还有助于把握体育教学设计的本质，从而能够促进教学设计工作的顺利开展，如图 4-2 所示。

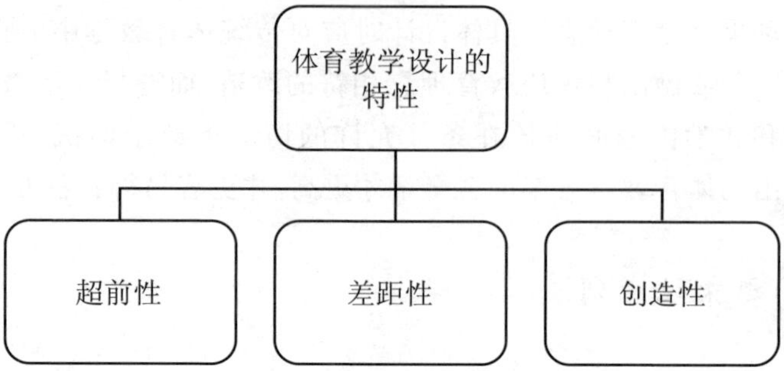

图 4-2 体育教学设计的特性

（一）超前性

体育教学设计本质上是对体育教学的提前规划和安排，因此具有超前性的特征。

体育教学是一项复杂的教学活动，若想得到较为理想的教学效果，必须事前做好组织协调工作，因这也是教学设计的最朴素需要。另外，体育教学设计是为了满足学生对体育学习的需求而展开的，而学生的学习和成长直接决定着未来社会的发展水平，因此，当前的体育教学设计必须具有一定的超前性，才能满足未来国家和社会对人才的需要。

明确了这一特点之后，体育教师在设计体育教学方案时，应有意识地摒弃过时的、僵化的教学理念和教学方法，尽量吸取当前最先进的教育思想和教学方法，努力为学生带来最好的学习体验，在现有的条件下创造最佳的学习条件。

（二）差距性

这里的体育教学设计差距主要指的是教学设计和教学实践之间不可避免的差异性，再完备的教学设计也无法保证在实施中可以100%地实现，因此，总会存在或多或少的差异。

（三）创造性

体育教学设计的创造性是指体育教学是一门实践性较强的科学，而且体育运动的发展也较快，因此在进行课程思政的教学设计时，必须富于变化和创新，采用不同的元素与内容，从不同的角度体现思政元素，以给学生带来较好的学习体验为目标。

第二节　健美操课程设计的理论基础

健美操课程设计的理论基础包括哲学认识论、学习理论、系统论、新型传播理论、教学论等，图4-3所示的是这些理论之间的逻辑关系。这些理论是健美操课程设计的基石，对健美操课程设计原理及操作技术起到决定性影响。

从图4-3所示的理论逻辑关系来看，处于最上层的是哲学认识论，对教学设计而言这些理论中的核心是学习理论，而系统论是保证健美操课程设计科学性的重要理论。哲学认识论、学习理论与系统论是教学设计的一般理论，也是宏观理论，在健美操课程设计中要参考这些理论基础。但健美操课程设计属于体育教学设计的范畴，所以在课程设计中还要考虑体育学科的特点，参考体育学科的相关理论，如体育教学论、信息传播理论等微观理论基础。这些与体育教学相关的微观理论基础要贯穿于健美操课程设计的整个过程中，只有在各个设计阶段以这些理论基础为指导而把握设计方向和重点，才能为健美操课程设计提供强有力的支撑与支持。限于篇幅，下面选择宏观理论基础上的系统论和微观理论基础上的信息传播理论来分析这些理论对健美操课程设计的影响。

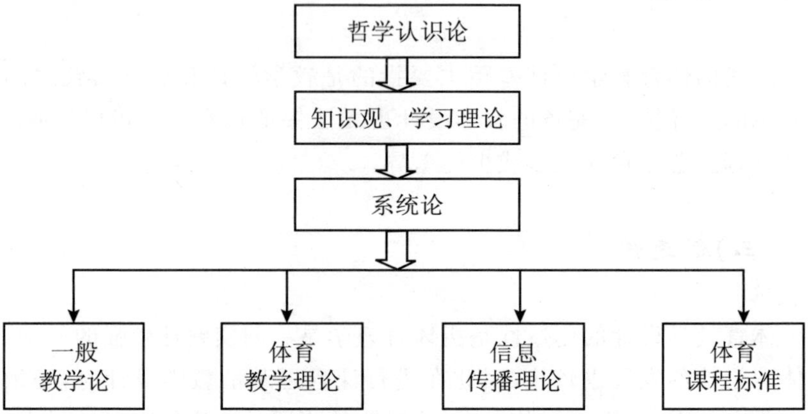

图 4-3 健美操课程设计理论的关系

一、系统论

（一）系统的结构与健美操课程设计

任何一个系统都有自己的结构与功能。每个系统中所包含的各种要素之间的排列与组合都是有次序、有规律、有逻辑的，系统的结构是否紧密、稳定，与其本身是否有序有直接的关系。系统具有层次性，复杂系统的层次性更鲜明，系统内部各要素（子系统）之间密切联系，相辅相成，共同推动系统的稳定发展。健美操教学系统是体育教学系统的子系统，而学校体育系统又包含了体育教学这一子系统，为形成最佳健美操课程设计，既要对健美操教学系统内部各要素之间的关系有清晰的认识，又要了解健美操教学系统与其上层系统以及平行系统之间的关系。

系统的结构和功能相对独立又相互依赖，对二者的关系形成正确的认识，有助于健美操课程设计系统各要素之间的关系及健美操课程教学过程和教学系统之间的关系有正确的了解，从而提高课程方案的设计效果，提高课程方案实施的真实效果。

（二）系统的特性与健美操课程设计

具体如图 4-4 所示。

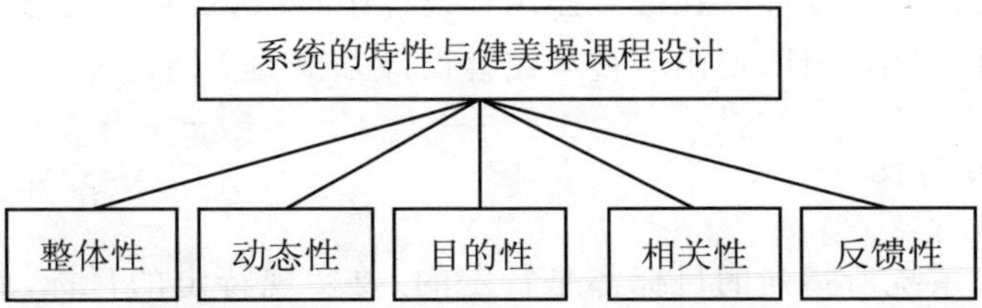

图 4-4　系统的特性与健美操课程设计

1. 整体性

任何一个系统都是由两个或两个以上的要素组成的，组成要素相互区别、相互联系，它们以一定的规律、次序组成系统，体现了系统的综合性。虽然系统中各要素的功能有区别，但它们构成整体的系统是遵循了一定的逻辑规律和统一要求的。系统由各要素组成，但并不是说各要素简单组合就构成了系统，基于各要素简单相加而建立的系统不是真正的系统，这样的系统不具备一个真正系统作为整体而具有的功能。各要素按照一定逻辑关系和统一要求组合而成的系统具有作为整体的特定功能，虽然单独评价其中每个要素都有自己的缺陷和不足，但是它们的优化组合使系统具有良好的整体功能。相反，即使系统内各组成要素各自都非常完善，如果不能按照一定的关系优化组合，也就无法使作为整体的系统拥有成熟的功能。系统作为整体的功能比各要素的功能之和要大。

从系统的整体性特征来看，健美操教学就是一个整体的系统，在健美操课程设计中要对系统内不同层次子系统的情况进行分类研究，从而对课程教学内容进行有针对性的安排，对课程教学方法进行恰当选用，同时为科学安排训练负荷提供依据，最终实现系统整体的综合功能，实现良好的增值功能，提高健美操课程设计与实施的标准与效果。

2. 动态性

系统具有动态性，这主要是因为系统的组成要素之间密切联系、相互作用与制约，而且系统与外部环境也不断进行着交换与互动，具体表现在能量交换、信息互动、物质交换等方面。

具有动态性的系统是不确定的，是随机的，面对这样的系统，人们要学会随机应变，根据情况变化采取策略，从而促进系统的动态发展及其整体功能的充分发挥。在健美操课程设计中，要认识到健美操教学系统的动态性，灵活设计，留出调整与完善设计方案的空间。

3. 目的性

每个系统所指向的目标都是特定的，要实现特定的目标，就要充分发挥系统的功能。在健美操课程教学设计中，要充分发挥健美操教学系统的整体功能及各要素的功能，以优化健美操教学效果，提高健美操教学质量，实现健美操课程教学目标。

4. 相关性

系统的内部组成要素不是完全独立的，各要素之间相互依赖、相互制约，存在着密切的相关性。在健美操课程设计中，要了解健美操课程教学系统内各组成要素之间的内在联系与密切关系，如教师与学生的关系、教学内容与教学策略的关系、教学条件与教学环境的关系等。

总之，了解了这些结构性要素的相互关系，有助于利用这些关系来提高健美操课程设计的效率，充分实现健美操课程教学系统的整体功能。

5. 反馈性

系统的反馈性主要体现在其自身所具备的自我调节功能上，要使系统维持稳定与平衡，就要充分调动这个反馈功能。为了进一步理解系统的反馈性，我们将系统的反馈解释为从系统的环境中收集关于系统产物的信息，尤其是关于产品优缺点的信息。在健美操课程教学设计系统中，设计方案就是前面所说的产品，方案的可行性高就代表产品的优点，可行性差就代表产品的缺点。

综上，系统论对健美操课程设计的作用主要表现如下。

第一，为健美操课程设计方案的制订和健美操课程教学问题的解决提供了系统工具。

第二，提出系统分析的方法与策略，从而在健美操教学设计中对相关教学要素进行分析，在分析的基础上优化各个要素，完善教学系统的整体功能。

二、传播理论

简单来说，从一地向另一地传递信息就是所谓的传播，信息传播过程、传播形式、传播效果等是传播理论研究的主要内容。从本质上来看，信息的流动就是传播，传播的基本材料是信息。从传播理论上讲，教学过程是教师向学生传播信息的过程，教学过程中各教学要素之间的稳定关系及动态联系都能在传播理论中得到揭示，传播理论为健美操课程设计者科学设计完整可行的健美操课程提供了重要的理论基础。

健美操课程教学过程是健美操相关信息传播的过程，在健美操课程教学中如何采集与加工健美操教学信息，如何有效传递这些信息，这是教学工作者需要思考的重要问题。为了使教学信息的采集、加工得到进一步的优化，使信息传递效率与效果得到提升，必须对教学信息的存在形式或类型有所了解，判断是语义信息、行为信息及符号信息等各类信息中的哪一种，然后根据这类信息的特点进行有针对性的加工与传播。

下面具体从两个方面分析传播理论与健美操课程设计的关系。

（一）信息的特点与健美操课程设计

对健美操教师来说，了解信息的特点对其设计健美操课程非常有帮助，有益于在健美操课程教学中充分发挥教学信息的重要作用。下面对信息的特征及其与健美操课程设计的关系展开分析，具体如图 4-5 所示。

1. 时效性

信息是具有时效性的，一般来说，信息越新，价值越高。所以在健美操课程设计中，教师要时刻把握最新健美操相关信息和传媒信息，并向学生及时传递新信息。另外，学生的动态变化信息也是教师需要随时了解的，这是教师优化课程设计的重要依据。

2. 可伪性

每个人对事物的认识总是有局限的，所以很难掌握全面的信息，甚至有时候掌握的是错误的信息，人们也会制造假信息来达到某种目的，这就是信息的可伪性特征。在健美操课程教学设计中，教师要仔细判断学生信息的真假，分析反馈信息是否真实，并基于正确的信息对课程设计加以改进。

3. 不完全性

在人类发展的历史长河中，无论哪个阶段，人们都很难完全且全方位地认识自然界和社会，人们的认识往往存在片面性，所以人们也无法获得完全的信息，其实将全部信息丝毫不漏、丝毫不差地掌握在自己手中是没必要的。信息的不完全性启发健美操教师在课程设计中要牢牢抓住那些关键的信息，而放弃不必要、不重要的信息，以节约设计成本，提高设计效率。

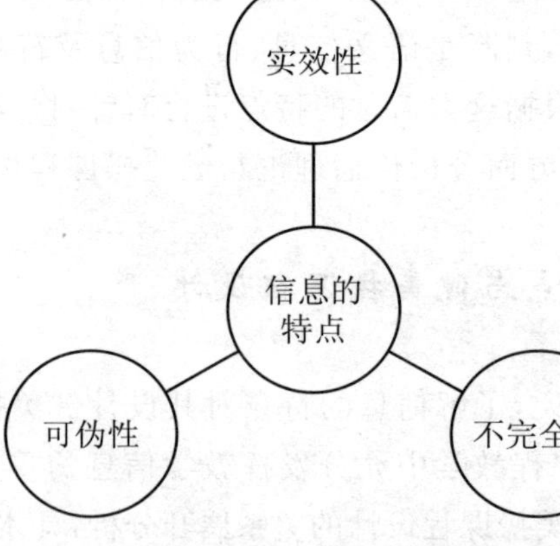

图 4-5 信息的特点与健美操课程设计

（二）传播理论对健美操课程设计的影响

信息传播理论给健美操课程设计带来了以下三个方面的影响。

1. 有针对性地选择教学信息

健美操教师在课程设计的初始阶段分析学习者时，要对学习者的关键信息予以掌握，如健美操兴趣爱好、健美操理论素养、健美操技能水平、健美操运动经验等，清楚了学习者的这些信息后，根据学习者的实际情况而有针对性地将关键的教学信息传递给学习者。

2. 选择难度适中的媒体渠道

传播理论中涉及的传播媒体丰富多样，如何分析与选用传播媒体对传播效果有直接的影响。健美操教师在课程设计中要尽可能选择那些便于向学生传递信息且学生理解起来难度较小的媒体渠道，从而提高信息传递的效率和最后的效果。

3. 注重收集反馈信息

信息传播理论中信息反馈也是非常重要的一个内容，通过反馈可以了解那些收到信息的人是如何理解信息的，以及接收这些信息后是否达到了理想的效果。在信息传播理论下进行健美操课程设计，教师要重视教学反馈环节，以了解学生的学习效果，了解学生渴望获得哪些信息，从而有针对性地传递信息，满足学生学习需求。

第三节 健美操课程设计的程序与模式

健美操课程的设计和其他课程设计一样，需要遵照一定的程序，在多年的摸索实践中，已经总结出一套非常高效的设计模式。这些都是在进行健美操思政课程设计时，需要参考的重要资料。

一、健美操课程设计的程序

健美操课程设计包含如图 4-6 所示的五个步骤，下面对这五个步骤逐一进行分析。

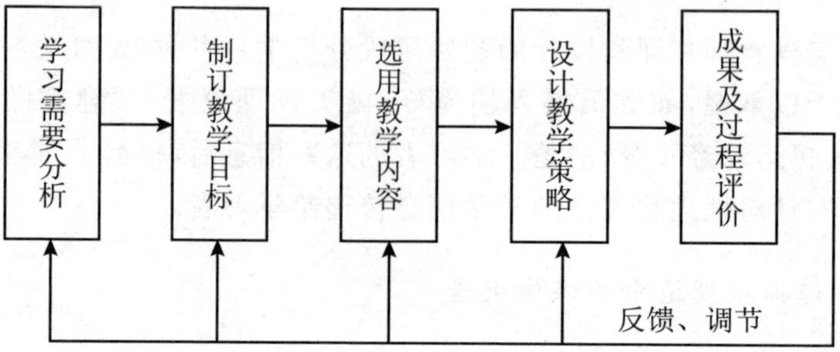

图 4-6　健美操课程设计的步骤①

(一)学习需要分析

在健美操课程设计中,第一步就是要进行学习需要分析,即分析学生的学习需要,这是优化教学效果的重要前提条件。在健美操课程教学中,教师通过教书来服务于学生的学习和成长,学生通过学习,情感与行为发生了哪些变化,学习效果如何,这都是教学目标实现程度的反映。

健美操课程教学设计是解决健美操课程教学问题的过程,解决问题的前提是发现问题,对问题的本质有正确的认识,这就需要分析教学对象,了解其学习基础、学习需要,从而为后续教学设计工作如制定教学目标、编排教学内容、设计教学方法、选用教学策略提供客观依据。在关于学习者学习需要的分析中,主要分析学习者的起点能力、一般特点以及学习风格。

(二)制定课程教学目标

在教学设计的理论与方法中,优化实现预期的目标是设计的一个重要目的,因此教师要先明确"要到哪里去"的问题,然后实施具体教学。实现教学目标是开展教学活动、设计与选择教学资源和媒体、确定及实施教学策略所围绕的中心。教学目标也是评价教学结果的依据。在健美操课程教学目标的设计中,在目标表述上要做到清晰、准确、具体,不

① 杨文轩,张细谦,邓星华. 学校体育学[M]. 北京:高等教育出版社,2016.

同层级的目标要用不同的陈述方式去表达，在表述中应包含四个基本的要素，如行为主体、行为动词、行为条件以及表现程度。

（三）选用教学内容

健美操课程教学内容的分析与选用，要符合教学对象的身心特征和学习需要。要与教学目标相适宜，还要符合学生的实际接受能力，还要具有鲜明的时代性、创新性，能够满足学生学习需要的同时，也要具有较强的操作性。

（四）设计教学策略

在健美操课程设计系统中，关于教学策略的设计是系统的核心环节，它是指在教学过程中为完成特定目标，依据教学实际来总体考虑教学顺序、教学组织形式、教学活动程序、教学方法和教学媒体等要素的设计与安排。有效的教学需要有可供选择的策略来达到不同的教学目标，而且在教学策略的运用过程中要不断监控、调节和创新，以完善教学策略，充分发挥教学策略的功能与价值。

设计教学策略可以使教师如何教和学生如何学的问题得到很好的解决，为解决好这两个问题，健美操教师在教学策略设计中要注意做好充分的教学准备，选择适宜的教学组织形式，采用丰富的教学媒体资源，结合教学目标综合考虑各项教学因素的运用与优化组合，有序安排好各项教学环节，同时要注重对师生互动活动的设计，重视与学生的交流与沟通。

（五）成果及过程评价

在健美操课程设计中，最后要开展评价工作，对教学设计成果及其实施过程进行评判，并对课程实施效果进行检验，获得反馈信息后对后面的课程实施过程予以调整，在课程评价设计中要树立正确的评价理念，采取科学的评价方式。课程设计的根本目的是解决课程教学中的问题，形成科学有效的课程实施方案，并在实施中取得理想的效果，主要表现为学生取得良好的学习效果。

评价健美操课程设计成果及实施过程，需在“发展性评价理论”的指导下进行科学评价，通过评价促进课程设计的不断完善、课程实施效果的不断提高及教师的专业发展。

二、健美操课程设计的模式

健美操课程设计包含学习者、目标内容、教学策略、教学评价四要素。它们分别对应针对谁（who）、学什么（what）、哪些教学策略（which）、效果如何（what）四个问题，基本结构如图 4-7 所示。

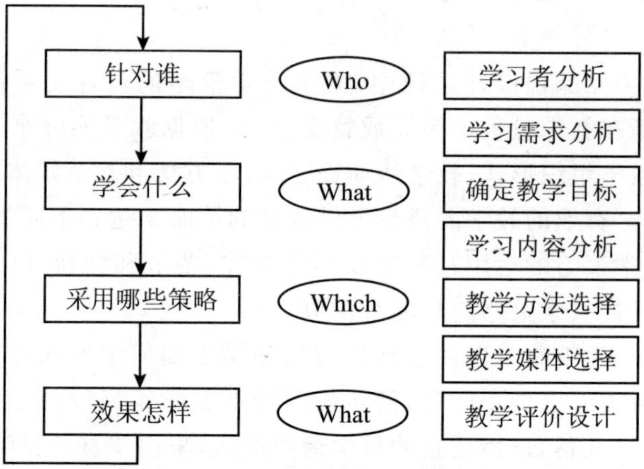

图 4-7　健美操课程设计要素①

在明确上述结构的基础上可构建以下几种设计模式。

（一）ASSURE 模式

ASSURE 模式的结构图如图 4-8 所示，该模式包含以下六个设计环节。

（1）分析学习者。

（2）陈述教学目标。

① 陈晓端，张立昌．有效教学[M]．北京：高等教育出版社，2015.

(3)选择教学方法。

(4)使用媒体和材料。

(5)要求学习者参与。

(6)评价与修正。

按照上述环节逐步开展健美操课程的设计工作,有利于明确各个设计阶段的方向和重心,提高课程设计效率。

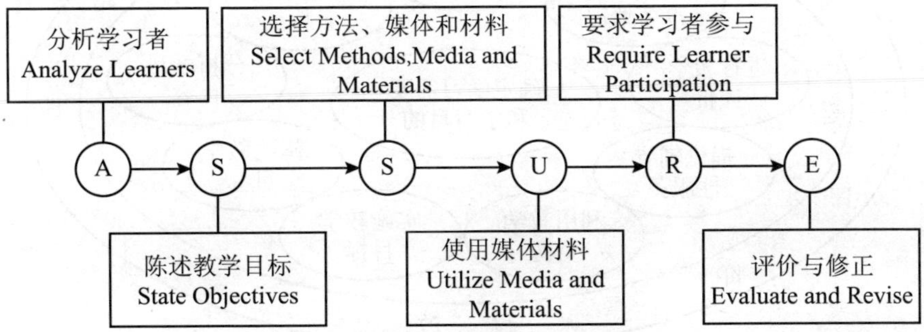

图 4-8 ASSURE 模式的结构图

(二)肯普模式

肯普指出,完整的教学系统包括教学目标、学习者特征、教学资源及教学评价四个要素,在课程设计中要围绕这四大要素展开工作,图 4-9 中小椭圆中的内容就代表了这四大要素涉及的一系列设计环节,按照这些环节有序开展健美操课程设计工作,可以更好地解决如下问题。

(1)学生在健美操课程中需要学什么、应该学什么。

(2)健美操教师如何"教",学生如何"学",师生怎样协同配合才能实现健美操课程教学目标。

(3)评价预期健美操课程教学效果。

(三)"四阶段"设计模式

上面提到的设计模式基本可以概括总结为分析、设计和评价三要素。我国学者借鉴这些研究成果,并结合我国体育课程教学情况,提出了"四阶段"设计模式,包括设计分析、选择决策、设计发展及修改评价四个阶段，如图 4-10 所示，这是我国学者关于体育课程教学设计基本思想和研究成果的呈现。在健美操课程设计中可参考这一模式实施设计工作，各阶段的设计任务如下。

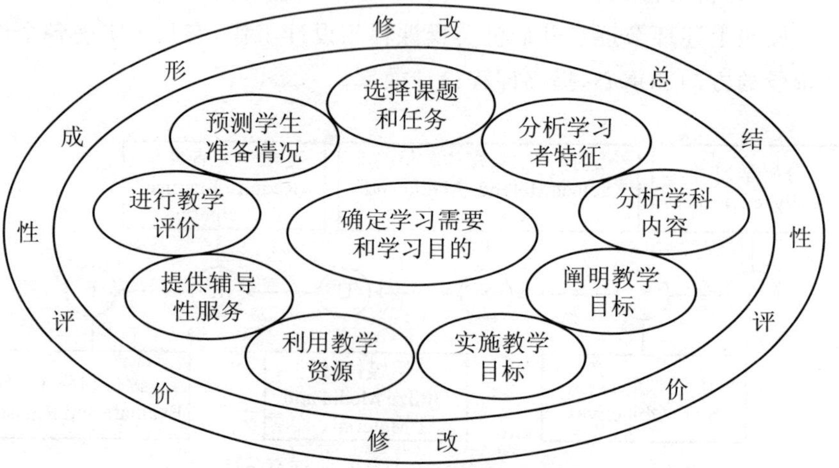

图 4-9 肯普模式结构图

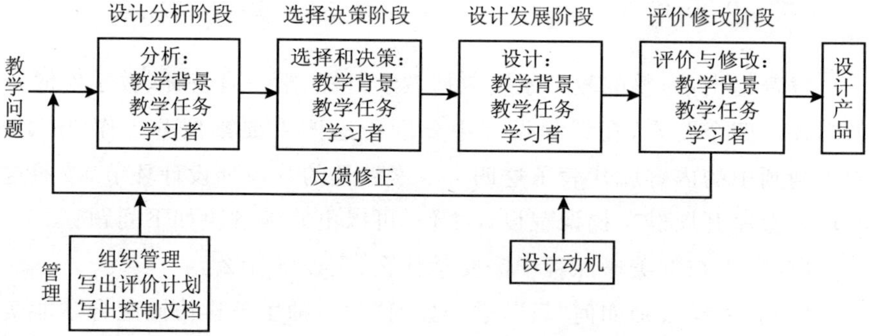

图 4-10 “四阶段”设计模式①

1. 分析阶段

准确分析与把握学习背景、学习任务以及学习者。

① 关北光，毛加宁．体育教学设计[M]．成都：西南交通大学出版社，2016.

2. 选择决策阶段

对教学信息资源、教学媒体、教学模式以及设计方法做出选择与决策。

3. 发展阶段

创造性地设计课程,考虑课程实施的可行性。

4. 评价阶段

评价整个教学设计,对不合理的地方进行整改,以补充与完善课程设计。

第四节 信息化教育背景下健美操网络课程设计

信息化教育是近些年来各大高校重点普及的教学方式和教学手段,通过合理运用信息技术,能够推动高校教学得到明显的提高,并且还能够激发学生的学习兴趣和学习热情。就健美操教学而言,如果能够善加利用信息化教育的各种手段,加强网络课程的设计,那么对提高我国健美操教学的现状将具有积极意义。

一、健美操网络课程的开发

当前来看,开发网络课程主要有以下两种模式。

(一)商业公司制作模式

这种开发模式一般就是将已有教材、教案照搬到网上,没有体现出设计思想的先进性,也没有高度归纳与整合课程内容,而是教学活动不够丰富，这些是这种开发模式的弊端。

（二）教师课题组模式

这种开发模式也是有缺陷的，主要不足在于一味强调按照教学设计的理论与操作程序对网络课程进行开发，而没有考虑软件工程开发的思想与原理，因此最后开发出来的网络课程比较局限，开放性差，协作性也不强，同时缺乏明显的交互性。

总之，这两种开发模式各有各的优势和劣势，由此各大高校应根据自身的现实情况，进行合理的选择和利用。开发体育网络课程，要实现远程教学的良好效果，就要将现代远程教育资源充分利用起来，在软件工程设计思想和体育课程设计理念的指导下，遵循科学性、可持续发展以及开放性、协作性及交互性等原则，在良好的教学环境支撑下构建可行且高效的开发模式，如图 4-11 所示，该模式体现了模块化的网络课程开发理念，合理划分了课程建设的各部分内容，框架结构清晰且稳定，具有一定的参考价值。健美操作为体育学科教学内容，在健美操网络课程开发中同样可以参考这一模式。

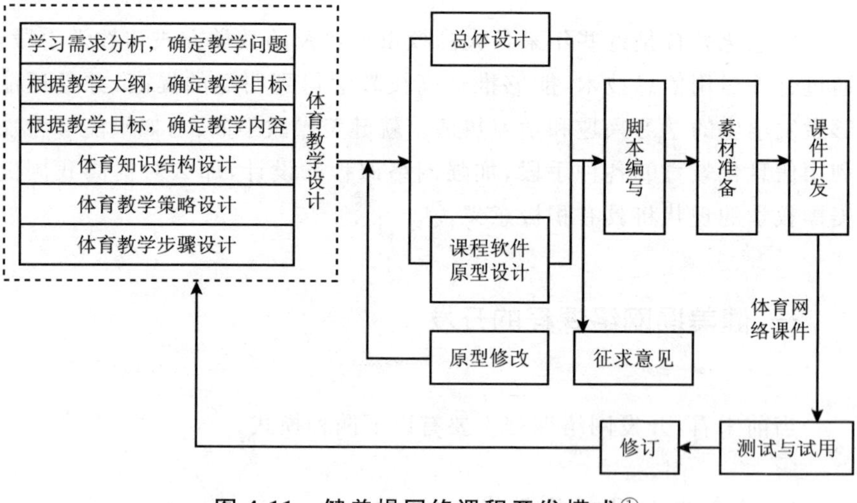

图 4-11　健美操网络课程开发模式①

① 龚正伟．体育教学新论[M]．长沙：湖南师范大学出版社，2012.

二、健美操网络课程教学设计

（一）设计流程

健美操网络课程教学质量在很大程度上由网络课程教学设计所决定，健美操课程设计的传统模式具有过分强调教师的主导地位而忽视学生主体地位的弊端，传统模式错误地围绕教师这个中心来进行教学设计，学生没有机会发挥自己的主观能动性。

网络课程设计要克服传统课程设计的弊端，强调学生的中心地位和主体性，强调尊重并充分发挥学生的主动性和创造性，使学生改变被动学习状态。在关于网络课程教学策略的设计中，要体现出教学策略的协作性、互动性，创设能够启发学生思考的问题情境。最终确定的网络课程设计流程与模式要能够发挥出导向功能，为健美操教师实施网络课程教学提供科学指导。

需要注意的是，在强调学生主体性的同时，我们也不能忽视教师的价值，只有让教师发挥自己的主导作用，才能充分落实网络课程教学设计中每个环节的具体工作。

综上，在健美操网络课程教学设计中，要将主导与主体同时重视起来，并正确处理二者的关系，形成主导＋主体式的健美操网络课程教学设计流程，如图 4-12 所示。

（二）内容要素

在信息化时代背景下，应基于信息化教育理念和现代网络课程设计要求来明确健美操网络课程设计的要素与内容。具体来说，健美操网络课程教学设计的内容包括六个方面，如图 4-13 所示。

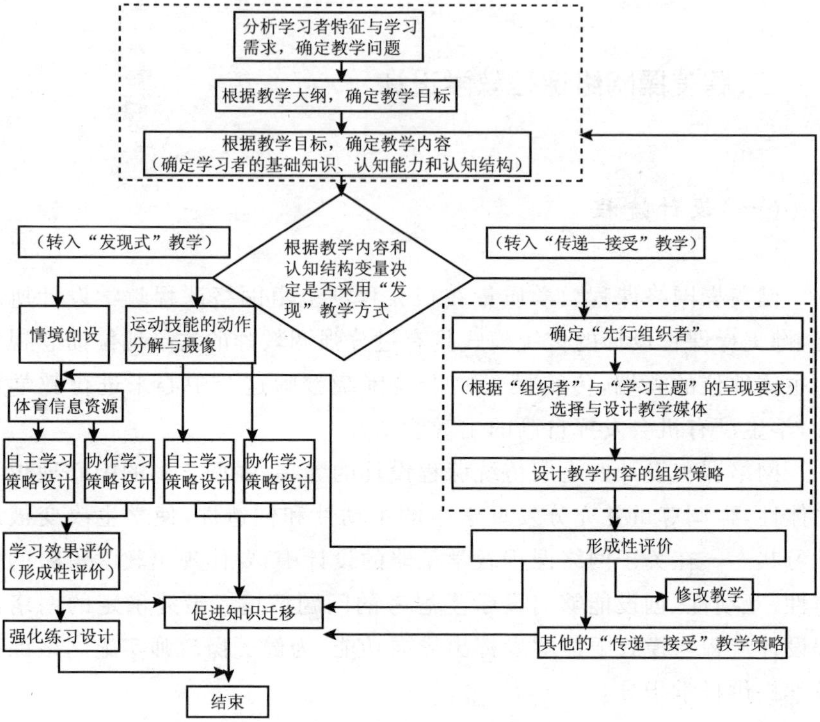

图 4-12　健美操网络课程教学设计流程①

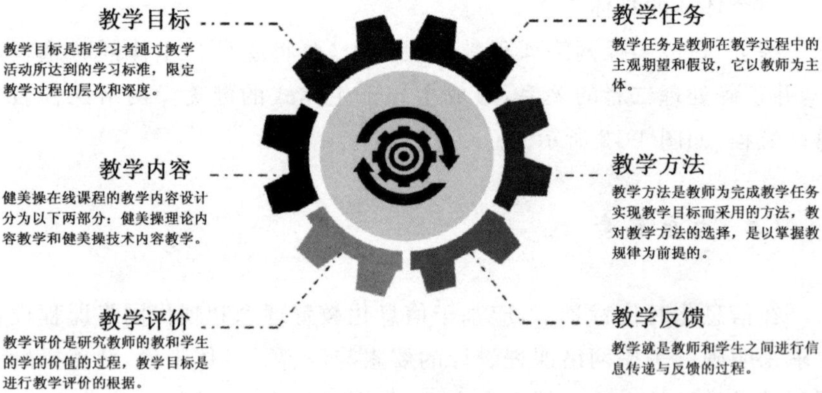

图 4-13　健美操网络课程教学设计的内容②

---

① 龚正伟．体育教学新论[M]．长沙：湖南师范大学出版社，2012.

② 杨雪红，郑磊石．“互联网＋教育”背景下健美操在线教学课程设计[J]．体育科学研究，2020，24(03)：89-92.

1. 教学目标

健美操网络课程教学设计中,要明确以下五个教学目标。

(1)培养学生的健康体质与良好心理素质。

(2)提高学生的学习兴趣,调动学生参与健美操运动员的主动性与能动性。

(3)使学生对健美操知识与技术予以全面了解,使学生将健美操动作技能熟练掌握。

(4)使学生掌握适合自己的学习与练习方法,并能对自己的学习过程与结果进行自评。

(5)使学生在健美操运动中展现出良好的体育道德和体育精神。

2. 教学任务

健美操网络课程教学任务包括以下五项。

(1)对健美操理论知识进行传授。

(2)对健美操基本动作与套路、技巧进行传授。

(3)提高学生的体育素质与艺术素质。

(4)提高学生的适应能力。

(5)提高学生的自信心与表现力。

3. 教学内容

在健美操网络课程教学内容的设计中,要注意以下几个要点。

(1)充分展现健美操运动的特点和互联网在线课程的特点。

(2)设置便于学生在各种合适的场地自由练习的教学内容。

(3)教学内容要满足不同年龄、不同运动基础的学习者的需要,在内容的类型、难度上要有区分和层次性。

(4)要将理论教学内容与实践教学内容充分结合起来。

4. 教学方法

在健美操网络课程教学方法的设计与选用中,既要保留那些仍具有重要意义与价值的传统教学方法,又要创造性地设计新的教学方法,将传统教学方法与信息化、创新化的教学方法充分结合起来，丰富教学方法体系。在教学方法的选用上，要与线下课程一样，依然以教学目标、教学任务以及教学内容为依据，同时兼顾考虑教学对象的实际情况。

5. 教学评价

健美操网络课程教学评价包括对课程本身的评价以及对学习者的评价。

(1)评价课程

健美操网络课程是针对在线学习者设计的，所以要听取这些用户对课程的评价和建议，在课程结束后，要及时收集反馈信息，了解学习者是如何评价课程的，并广泛征集意见，吸纳合理意见，有针对性地完善课程，满足学习者的需求。

(2)评价学习者

评价学习者的学习情况，主要方法是在线监测与考核，所以在健美操网络课程设计中要加入考核板块，最后以图表的形式呈现考核结果。

6. 教学反馈

线下健美操教学中教师与学生之间缺少必要的互动与沟通，缺乏教学反馈环节，严重影响了教学效果。依托互联网技术构建网络课程，可以克服这一弊端，为师生交流与教学反馈提供便捷的平台，而且实时互动与反馈大大增加了在线教学的趣味，也有利于教师及时发现教学中的不足和学生的问题，及时改进与处理，促进网络课程教学质量的提升。

三、健美操网络课程支撑环境的设计

支持健美操网络课程教学的软件工具、教学资源以及在网络平台上实施的教学活动统称为健美操网络课程支撑环境。在健美操网络课程开发设计中，支撑环境的设计是非常重要的环节之一，在网络课程支撑环境设计中应该充分体现出网络课程设计的指导思想、理念、原则与要求。完整的健美操网络课程支撑环境包括五个子系统，分别是课程管理、作业管理、试题管理、讨论答疑以及功能设计五个子系统组成，围绕这五个功能系统设计健美操网络课程支撑环境的模式如图 4-14 所示。

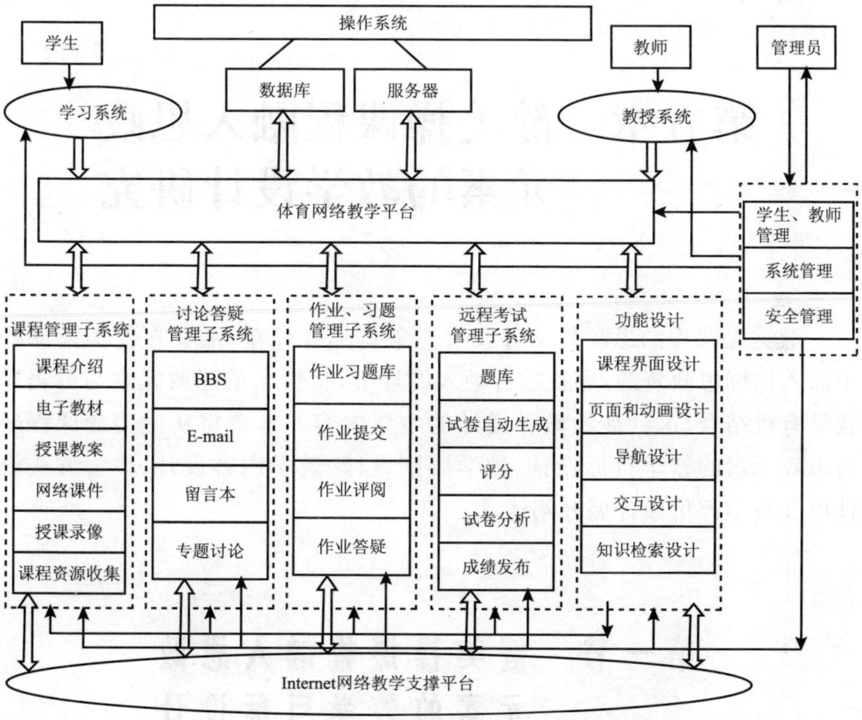

图 4-14　健美操网络课程支撑环境的模式①

① 龚正伟．体育教学新论[M]．长沙：湖南师范大学出版社，2012.

第五章　健美操课程融入思政元素的教学设计研究

健美操课程的思政教学并没有想象得那样简单，需要在健美操课程中深入挖掘思政资源，寻找适合融入的环节，将恰当的思政元素与健美操教学有机结合，这就涉及教学设计的主要内容。本章将从健美操课程融入思政元素的教学目标设计、教学原则设计、教学内容设计、教学方法设计以及教学评价设计展开阐述。

第一节　健美操课程融入思政元素的教学目标设计

如果要将思政元素融入健美操课程的教学目标中，仅仅从健美操课程的教学目标出发似乎是不够的，要扩大视野，充分融入思政内容，还需从体育教学目标的设计进行着手。本节先从体育教学目标设计的基本理论出发，进而拓展到健美操教学课程中，如何自然、科学地融入思政元素。

一、体育教学目标设计的基本理论指导

（一）体育教学目标概述

体育教学目标是整个体育教学设计中最为重要的一项。之所以它拥有如此高的重要性，主要在于它是体育教学设计的基础。只有在确定

了体育教学的目标后，其他相关的体育教学设计环节才能依次展开，否则在脱离体育教学目标的前提下设计的教学都是没有任何实际意义的。

1. 体育教学目标的概念

体育教学的目标与其他学科的教学目标基本一致，是将目标内容与体育教学相结合而产生的。具体而言，体育教学目标是指在一定的时间和范围内，师生经过努力后所要达到的教学结果的标准、规格和状态。

体育教学目标是教学组织者对教学活动可能产生的效果的一种理想上的预期，是一种对体育教学阶段性或完全结束后学生应达到的接受知识或技能的具体水平的描述。

2. 体育教学目标的特点

(1)预期性

体育教学目标本就是一种对学生学习成果的预估。这就使得体育教学目标自然带有了预期性，也是体育教学目标的根本属性。

(2)一致性

体育教学目标的一致性主要是指这一目标的最终实现需要经过教师与学生的共同努力。也就是说，体育教学的目标既是教师需要完成的教学目标，同时也是学生要达到的学习目标。

(3)可行性

所有的教学目标都应该具有可行性，否则教学活动就无法正常开展。为了促成这种可行性的达成，就需要围绕学生的实际情况和课程标准制订体育教学目标。

(4)灵活性

体育教学目标没有一个固定的标准，它的设计会因各种教学要素的变化而发生变化。我国体育教学拥有一套完整的大纲，大纲中对宏观体育教学目标做出了一定的说明，但具体到一线教学当中时，体育教学的目标就要根据学校、教师、学生、教材、设施等情况做出匹配性调整，如此才能展现出体育教学的灵活性特征。

(5)具体性

体育教学目标是教师把学生从现有的体育水平改造到未来可能达到的体育水平的过程。为此,就需要对目标主体、目标达到的条件、目标的具体内容以及目标标准等做出具体说明。体育教学目标只有设计得较为具体,才能在教学过程中把握好教学方向,同时也能在过程中随时监控教学进展情况,为可能的目标调整提供依据。

(二)体育教学目标设计的要求

对体育教学目标的设计要做到科学合理。作为体育教学活动的基础,这是非常重要的设计环节。为此,进行体育教学目标设计就要符合下面几个要求。

1. 对目标的表述语言要准确

体育教学目标的语言表述要非常考究。为了较为清晰地了解目标情况,在制订体育教学目标时尽可能使用陈述句,并且要对预期学习结果的外显行为变化等内容有明确的表述,以此标定评定目标实现与否的范围。不清晰的目标表述只会让体育教学主体在教学过程和结果评价中感到困惑,如此则有损体育教学质量。

2. 对目标的难度设置要适中

体育教学目标设计的难度要适中。这一要求是基于学生的“最近发展区”理论而来的,即要求目标的设置不应过高或过低,过高或过低的目标设置都不利于学生学习动机的培养,而抓住学生的“最近发展区”则可以永远置学习目标于学生通过一定努力可以获得的位置。这是目标设定得最为理想的状态。

3. 对目标进行适当的细化分解

体育教学目标是一个由多个小目标构成的整体目标。为了完成最终的整体目标,就需要将其中的小目标逐一完成。为此,就需要将总目标进行适当的细化分解,这个分解不是随意进行的,而是要保证被分解的教学目标之间有一定的逻辑关联性,如今天所学的技术是明天所学技术的基础动作等。

4. 目标设置整体保持协调

体育教学目标不是单独存在的，它的制订也要考虑多方面的因素，它是多方面因素共同构成的整体，而且还要考虑各个元素之间的协调性。这是因为如果每个部分之间的配合不够顺畅，甚至有脱节等情况，那么就会影响整体目标的实现。一般来说，在目标设置的初期，就会充分考虑各个元素的特点，选择那些彼此之间更具交融性的元素才会得到更好的效果。

（三）体育教学目标的设计步骤

1. 分析教学对象

分析教学对象是体育教学目标设计的首要工作。教学对象通常就是指参与体育教学行为的学生，对学生的分析主要包括他们对体育的学习需求、运动经历、基本身体状态以及性格等。对于学生学习需求的分析要格外看重，对它进行的分析可以帮助体育教学目标制订者找出体育教学中出现的问题，并以此寻求解决方案，由此就使得分析教学对象成了确定体育教学目标的基础和依据。而教学对象的上述情况也对体育教学目标的制订产生影响，如班级中的学生普遍具有较好的运动天赋、良好的身体状态以及对体育的热情，那么就可以将体育教学目标制订得略高于目标标准，以此来满足学生“最近发展区”理论的要求。

2. 分析教材内容

分析教材内容是制订体育教学目标的第二步。为了制订出更为合理、更适合学生体育发展的目标，就要对学生将要学习的教学内容进行准确把握。分析体育教材内容的目的在于确定体育教材内容的特点、功能、范围和深度以及选择体育教材内容的依据等，使体育教材内容更好地为实现体育教学的目标服务。其主要的把握内容包括深入分析体育教材内容的特点、可操作性，明确了解学生在其年龄段中学习哪些内容更有利于他们的成长以及体育观的养成。

3. 编写教学目标

在过往的体育教学中，对于教学目标的制订通常由体育教师根据课程标准而来。然而这种看似简单易行的教学目标制订并没有考虑学生学习的实际情况和主观意愿。由此编写出的教学目标不易把握尺度，也难以测定体育教学效果。现代体育教学在经历了长期探索之后，认为应该将过往较为模糊的体育教学目标进行升级，使新的教学目标变得更加精确和具体，而且还要对接受这种学习后将会达到的学习效果做出说明。一般认为，一个完整的、明确的体育教学目标应包括教学对象、学生的体育行为、确定行为的条件及程度四个部分。另外，现代教育观也要求在制订学习目标时要遵循三维目标观的理念，即落实知识与技能、过程与方法、情感态度和价值观。

二、融入思政元素的健美操课程教学目标设计

健美操的课程思政教学就是在健美操课程的基础上，在合适的环节融入思政元素，从而在教学中自然而然地加强对学生思政意识和水平的培养。在健美操课程目标的设计中，教师要有意识地为融入思政元素创造条件。同时，整体教学目标的设定以及每节课的思政目标的设定都要“因课制宜”，具体如下。

（一）知识目标

知识目标主要是指对健美操运动的起源、发展、项目特点、锻炼价值等背景知识，以及健美操创编、音乐剪辑、音乐选择、队形协调、组合动作的创编、健美操欣赏、健美操竞赛及裁判等知识，这些是促进学生形成全面的健美操知识所必要的教学目标。与此同时，还要结合实际情况，引导学生展开抽象的思考，将具体的知识拓展为对价值观和世界观的思辨练习。

（二）能力目标

能力目标简单地说包含两部分：一个是健美操的实践能力，另一个是由健美操引申而来的思政能力。健美操的能力目标包括学生要能够运用健美操的基本动作进行组合练习；能够对音乐具有一定的鉴赏能力；能够对健美操具有较为专业的鉴赏能力；能够根据不同风格的音乐，进行简单的健美操组合表演等。

提高学生的思政能力包括对体育运动中出现的困难和挑战，应该具有积极乐观的奋斗精神；当遇到挫折时，能够从中发现正面的价值；能够正确面对学习和生活中的困境、逆境，树立乐观、拼搏的人生观和价值观。

（三）德育目标

健美操课程德育价值包括培养学生具有爱国主义情怀、奋斗精神、创新思维、审美能力、社会责任感、良好的道德品行、坚忍的意志品质等。具体体现在团队协作和凝聚力、持之以恒、积极进取、精益求精、勇于创新的品质；角色转换能力、社会适应能力、人际交往能力、协调沟通能力；审美能力和人文素养；公平竞争、规则意识、顽强自信、不骄不馁的优良品质；还要理解社会主义核心价值观对自身发展的意义，在情感上认同，在行为上自觉遵守。

第二节　健美操课程融入思政元素的教学原则设计

健美操的基本教学原则在本书第三章已经做了详细的阐述，本节将主要针对融入思政元素后，对健美操的教学原则又提出了哪些新的要求来展开分析。基本上，这些是在健美操教学原则的基础上进一步发展而来的。

一、坚持技能传授与价值引领相统一

根据习近平总书记在学校思想政治理论课教师座谈会上提出的“八个统一”中的价值性与知识性的统一，以及健美操课程的特点，健美操的教学原则又引申出“将技能教授与价值引导相统一”的新的教学原则。以往的健美操教学主要是围绕相关的知识与技能展开教学，不能把思想政治教育内容和健美操课割裂出来，思政资源是需要在健美操的课程内容中挖掘的，要在学生学习健美操动作时，教师应让学生领会到思想的升华，寓价值引领于知识传授中，避免出现健美操课过于“思政化”。

二、坚持改革创新与遵循规律相统一

在推动健美操课程思政的改革创新中，我们还要遵循健美操课程教学规律，即健美操动作技能形成的规律、人体机能适应性规律、人体生理机能变化的规律，精心创新设计教学方法、手段、过程，不断积累经验，确保健美操“课程思政”沿着正确的方向推进。

三、坚持理论性与实践性相统一

健美操属于实践性很强的教学课程，在健美操课程思政的教学中，不能破坏原有的实践性，而是加强理论与实践相统一。但是在理论教学部分，除了讲述健美操的相关知识之外，还要融入一部分思政内容，从而使健美操教学更为丰富；另外，在实践教学中，教师也要渗透思想政治内容，如启发学生的爱国情怀、奋斗精神等，也要通过健美操实践活动提升学生的创新思维、道德品行，从而使学生产生深刻的体会。

四、坚持显性教育与隐性教育相统一

健美操本身具有隐性教育的功能，在进行健美操知识传授过程中，显性教育和隐性教育是紧密联系的。隐性教育往往隐含在健美探课程内容中，所传授的动作是显性的，而教师的教育方式可以是隐性的。要把握好二者的协调性，依照自然适度、润物无声的方式，推进健美操“课程思政”更好地发展。例如，教师在教授健美操发展概述时，讲到健美操其实是一种起源于西方的运动时，教师可以扩展讲解中国健美操曲折的发展史和体育发展史，以及中国运动员不卑不亢的精神、折射出的爱国情怀和奋斗精神。

五、坚持教学目标的阶段性和整体性相统一

健美操课程思政教学目标的设计应该具有整体性，要基于健美操教学目标实现与健美操思政目标的有机融合。同时，教学目标的设计还要有阶段性，健美操教师要根据阶段学习特点，合理地制订教学目标；必须体现与课程目标整体的一致性和连续性，注意教师教学目标设计中一节课的目标设计、阶段性目标设计的连续性和教学实践的落实都要与课程目标整体性保持一致。而且，健美操“课程思政”的效果需要日积月累地熏陶，学生道德水平不是一蹴而就的，是循序渐进提升的过程，健美操课程思政要做好每学期在健美操技术上、能力上以及思想道德上的小目标，还要有整体的教学效果目标，确保学生能循序渐进地提升思想品质。

六、坚持育人资源的普遍性与独特性相统一

健美操“课程思政”资源是广泛的、丰富的、独特的，它自身的课程特点决定了其在教学内容上是区别于其他体育课程的。在教学过程中，健美操“课程思政”必须要保持思政资源的独特性，保证课程对学生的吸引，以促进学生能主动学习并产生兴趣，从而保证课程的教学质量。

第三节 健美操课程融入思政元素的教学内容设计

一、健美操课程的基本教学内容

（一）健美操理论知识

健美操概述、健美操术语、健美操教学理论、健美操创编理论、健美操课的设计与实施、健美操练习热身与整理、健美操安全保障、健美操规则与裁判法、健美操科学训练等为健美操理论教学的主要内容。

（二）健美操技术动作

其包括健身健美操技术动作、竞技健美操技术动作和各种丰富多彩的健美操项目的技术动作。既包括基本动作，也包括成套动作，成套动作教学主要包括全民健身操、校园活力健身操、校园啦啦操等内容。

（三）健美操创编

在学习健美操创编的基本原则、要求、方法的指导下创编健美操组合动作和成套动作。

二、融入思政元素的健美操课程教学内容设计

（一）在现有内容中挖掘思政元素

在思政教学理念的背景下，健美操的教学内容设计应该体现在从原

有教学内容中深入挖掘思政元素。实际上，思政元素在各个方面都有体现，只是需要善于发现的眼睛，以及进行合理的拓展，并结合学生的发展加以引导。

因此，融入思政元素的健美操课程教学并不是通过增加全新的内容来实现，而是在现有内容的基础上，挖掘其背后的思政元素，进而提升学生的政治道德水平。

（二）与其他学科的碰撞中发现思政元素

通过与其他学科相联系，从而为学生开拓出一片全新的学习和思索的空间，从而增加培育学生思政水平的机会。例如，在健美操教学中，和艺术课、音乐课相联系，从而引发学生从艺术创作的角度理解运动和体育精神，提升学生的音乐审美能力和视觉审美能力，从而实现对学生的美育教育，促进其全面的发展。

三、健美操教学内容的拓展

（一）善用其他项目丰富教学内容

在教学内容方面，体育教师应不断更新丰富教学内容，根据学生的实际需要来增加上课内容，增加时尚健身操内容，举办课外健美操活动，增强对健美操的学习兴趣。开展健美操知识的专题讲座，充实学生的理论知识。同时，还可在健美操中适当添加吸引的运动项目，如瑜伽、拳击、拉丁、排舞、艺术体操、街舞等元素，充分激发学生的学习健美操的主动性和积极性，进而提高健美操课程的教学效果，增强我国大学生的体质健康水平。

（二）借助互联网拓展教学内容

在健美操教学上，教师应该创新运用一些更加全面化的教学模式，培养学生的参与、思考、探究、评价等各方面意识，进而培养学生的全面发展能力。教师应该在课前课后给学生发送一些健美操课堂中学习的小视频，学生可在课前自我预习、课后自我复习，通过课上与课后的合理安排，能够有效提升学生的学习效率；可以采用讨论方式、分组方式等，让所有学生都能参与其中，并且在团队中找到自己的位置，讨论健美操竞赛的运动技巧、相关的理论知识等。

总之，教师应该有意识地在传统教学内容的基础上不断进行丰富，社会在发展，学生的需求也在不断变化，各学科教学内容也需随着时代的变化不断进行创新。

第四节　健美操课程融入思政元素的教学方法设计

一、健美操课程的基本教学方法

建立了健美操课程思政的教学内容体系之后，接下来要在教学目标和教学内容的基础上，科学设计健美操的教学方法（图 5-1）。

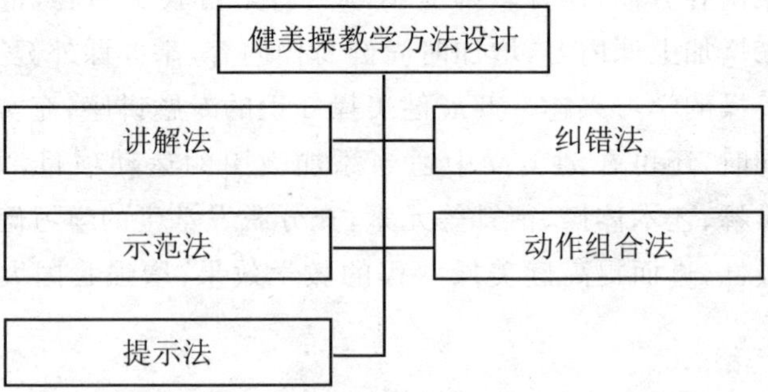

图 5-1　健美操课程思政的教学方法设计

（一）讲解法

在健美操授课中，体育教师一般采用的讲解法要做到以下几方面的要求。

（1）讲解过程中要有明确的目的性，保证讲解质量。尤其是融入思政内容的部分，由于相对难以理解，教师要进行具体的分析，多举例子，让学生在生动的案例中能够加强理解与思考。

（2）教师的语言要简洁明了，使学生充分理解思政的复杂内容。

（3）讲解顺序要合理，一般要由浅到深逐渐增加难度，即从具体的更贴近学生生活的内容，延展到更复杂、更抽象的思政内容。

（4）讲解时要口齿清晰，层次分明。

（5）讲解过程中要以声传情，配合手势、眼神等，将有声语言和无声表情、动作结合起来。

（二）示范法

1. 示范类型

（1）完整示范

学生健美操基础较好，且所教健美操动作结构简单时，教师可以给学生完整地示范动作，从动作开始到结束连贯完成动作。

（2）分解示范

学生基础较差，而且所教动作结构比较复杂时，可采用分解动作的方法进行示范，学生掌握各个动作环节后，再进行组合练习。

2. 教学要求

（1）示范动作要准确、熟练、舒展和优美。

（2）教师要清楚示范的目的，如果示范后没有达到目的，可重复示范。

（3）教师在示范过程中要详细讲解动作要领和易出错的地方，否则学生很难发现其中的要领和细节。

(4)教师要选择恰当的示范位置与示范面,尽可能让全体学生都清楚地看到示范,示范时要控制好动作速度。

(三)提示法

1. 语言提示

健美操教学中,教师要用精简的语言或口令来提示学生要完成什么动作,在什么时间内完成,完成多少次,以什么方法完成,要达到什么要求等。在语言提示过程中,教师需要做到如下要求。

(1)提示语言准确无误,声音洪亮清晰。

(2)口令提示与音乐节奏相配合。

2. 非语言提示

在健美操教学中,教师还可以运用肢体语言、面部表情来间接提示学生要完成的动作及需要注意的地方。在非语言提示中,教师需要做到如下几点要求。

(1)不管选用何种形式来提示,都要使学生明白自己的用意。

(2)肢体语言要规范准确。

(3)提示时机适宜。

(4)通过提示激励学生,使学生感受到自己是被重视的,从而在课堂上积极学习。

(5)非语言提示与语言提示结合使用。

(四)纠错法

采用纠正错误方法可以帮助学生掌握正确的健美操动作,纠错方法具体有以下几种运用方式。

1. 语言提示法

在健美操教学中,学生因为记忆模糊或不清楚动作要领而出现错误动作时,教师可通过语言提示来启发学生完成正确动作。在提示过程中,可提示动作名称或动作要领。

2. 指导法

学生完成健美操练习后,教师评价学生的练习情况,指出错误与不足之处,指导学生及时改正。

3. 助力法

在健美操教学中,教师可以给学生提供直接的帮助,使学生深入体会动作的正确位置和发力点,从而提高动作的规范性。面对基础较差的学生时多采用这一教学方法。

4. 对比分析法

教师先示范正确动作,再示范学生的错误动作,让学生对比观察其中的差异,认识到自己的错误并及时改正。

5. 静控体验法

有些学生在练习时不容易有效控制动作,常常出现错误,对此,教师需采用肢体控制方法来使学生切实体会肌肉用力感和正确的动作方位。例如,有些学生练习时手臂伸得不直,教师可专门安排两臂伸直的练习。

(五)动作组合法

在健美操组合动作教学中,为了提高教学的实效性,使学生连贯掌握健美操组合动作,需采取专门性的教学方法,即动作组合教学方法。下面分析几种简单动作组合的教学方法。

1. 连接法

连接法是指按照一定的顺序将单个健美操动作连接起来,使其成为健美操组合动作的方法。例如,教师先教第一个动作,再教第二个动作,然后连接这两个动作,第三个动作和第四个动作也是如此,最后将四个动作连接起来,形成新的组合动作。

连接法的运用示例见表 5-1。

表 5-1　连接法教学示例①

动作 A	4 迈步侧点地
动作 B	2V 字步
动作 A+B	4 迈步点地+2V 字步
动作 C	2 交叉步
动作 D	4 小马跳
动作 C+D	2 交叉步+4 小马跳
组合动作 A+B+C+D	4 迈步侧点地+2V 字步+2 交叉步+4 小马跳

2. 递加循环法

递加循环法就是学习新动作后，连接前面的动作进行综合练习，教学示例见表 5-2。

表 5-2　递加循环法教学示例②

动作 A	4 迈步侧点地
动作 B	2V 字步
连接动作 A+B	4 迈步点地+2V 字步
动作 C	2 交叉步
连接动作 A+B+C	4 迈步侧点地+2V 字步+2 交叉步
动作 D	4 小马跳
连接动作 A+B+C+D	4 迈步侧点地+2V 字步+2 交叉步+4 小马跳

3. 金字塔法

金字塔法是指改变单个动作的练习次数，递增或递减次数，用图形表示很像金字塔。金字塔法有正金字塔法（图 5-2）和倒金字塔法（图 5-3），

① 赵晓玲．健美操教程[M]．重庆：重庆大学出版社，2017.

② 李少芳，朱艳．健美操的有效教学与系统训练研究[M]．北京：九州出版社，2017.

前者指的是逐渐减少单个动作的练习次数,后者指的是逐渐增加单个动作的练习次数,二者结合使用效果最佳。

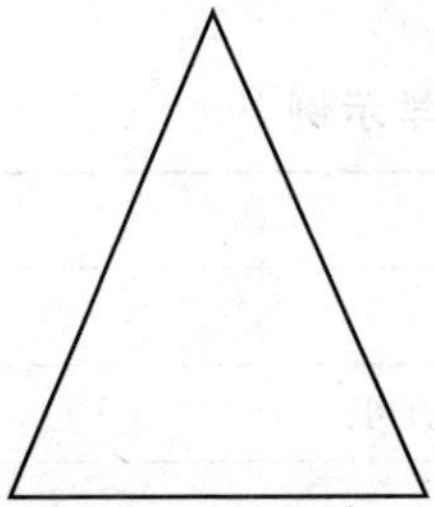

图 5-2 正金字塔法

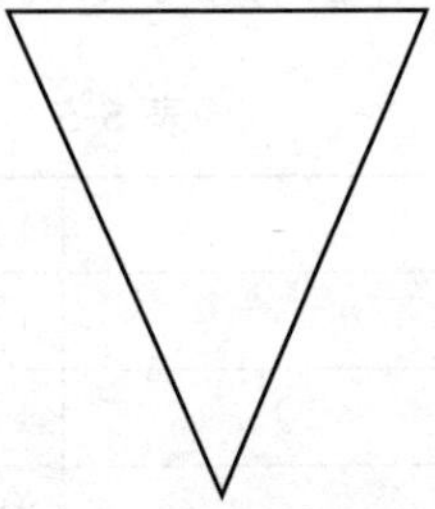

图 5-3 倒金字塔法

正金字塔法、倒金字塔法的教学示例分别见表 5-3、表 5-4。

表 5-3 正金字塔法教学示例①

步骤	正金字塔法
1	1 脚尖侧面+1 迈步吸腿
2	2 脚尖侧面+2 迈步吸腿
3	4 脚尖侧面+4 迈步吸腿
4	8 脚尖侧面+8 迈步吸腿

表 5-4 倒金字塔法教学示例

步骤	倒金字塔法
1	8 脚尖侧点+8 迈步吸腿
2	4 脚尖侧点+4 迈步吸腿
3	2 脚尖侧点+2 迈步吸腿
4	1 脚尖侧点+1 迈步吸腿

4. 过渡动作法

过渡动作法就是将一个或一段简单的动作加在复杂动作之前,作为

① 李少芳,朱艳. 健美操的有效教学与系统训练研究[M]. 北京:九州出版社,2017.

学习复杂动作的一个过渡，这对于掌握复杂动作非常有利。学生掌握复杂动作后，可去掉过渡动作再进行完整练习。

过渡动作法的教学示例见表 5-5。

表 5-5　过渡动作法教学示例①

动作 A	4 迈步侧点地
过渡动作 N	4 并步
动作 A+N	4 迈步侧点地+4 并步
动作 B	2V 字步
动作 B+N	2V 字步+4 并步
动作 A+B+N	4 迈步侧点地+2V 字步+8 并步
动作 C	2 交叉步
动作 A+B+C+N	4 迈步侧点地+2V 字步+2 交叉步+4 并步
动作 D	4 小马跳
动作 A+B+C+D	4 迈步侧点地+2V 字步+2 交叉步+4 小马跳

5. *层层变化法*

层层变化法是指以层层变化的形式，从一个动作组合过渡到另一个动作组合的方法。运用这一方法，需在原有动作的基础上做出改变，每改变其中一个动作，就要重新练习整个组合动作。

4×8 拍动作组合的层层变化练习方法示例见表 5-6。

表 5-6　4×8 拍动作组合②

动作 A+B+C+D	4 迈步侧点地+2V 字步+2 交叉步+4 小马跳
改变动作 A 后： A″+B+C+D	4 并步+2V 字步+2 交叉步+4 小马跳
改变动作 B 后： A″+B″+C+D	4 并步+2 十字步+2 交叉步+4 小马跳

① 李少芳，朱艳．健美操的有效教学与系统训练研究[M]．北京：九州出版社，2017.

② 赵晓玲．健美操教程[M]．重庆：重庆大学出版社，2017.

续表

改变动作 C 后： A″+B″+C″+D	4 并步+2 十字步+2 上步吸腿+4 小马跳
改变动作 D 后： A″+B″+C″+D″	4 并步+2 十字步+2 上步吸腿+4 开合跳

二、融入思政元素的健美操课程教学方法设计

(一)加强理论与实践的结合

高校健美操课程普遍重实践轻理论教学，教师只是传授动作技术，很少结合理论知识，但我们不仅要让学生只是蹦蹦跳跳，还要结合健美操理论知识，使学生更好地掌握实践课的技术动作。教学时以实践学习为主体，理论阐述为核心，使学生做到知其然也知其所以然。教师言传身教，学生在理论中获得的知识，可以通过实践环节去验证，这样一个“实践→理论→实践”的循环过程更高效科学地收获知识。实践是检验真理的唯一标准，这也可以培养学生追求真理、实事求是的态度。

(二)激励教学法

学者于笑迪认为，激励教学法应用于健美操教学实践的意义重大，可以提升学生自信，而且体现了人本思想。激励法是一种实效性强的教学方法，是指教师在健美操教学中对学生的表现进行及时的鼓励，使学生产生学习动机，激发学生产生克服难题的信心或自信心等心理上的情感体验。教学过程中，教师激励性的语言不仅有助于学生做出正确的体育行为，对健美操课程产生兴趣，而且还能加强师生的感情沟通，使学习氛围更加和谐轻松。鼓励教学是时效性最强的方法，促使学生自信大胆。

(三)互联网+教学法

体育教师可以利用多媒体给学生播放健美操锦标赛、全国大学生健美操比赛以及学校健美操比赛视频，带领学生感受健美操力与美结合的独特魅力，发挥榜样的激励作用，以此调动学生的学习动机。这样的教学方式既可以丰富、更新教学内容，还能在不断的熏陶过程中逐渐提升学生的审美能力。教师可以根据流行趋势适当调整教学内容，增加一些流行热门的舞蹈元素；可以根据现在的流行趋势让学生制作课下练习小视频或者练习花絮，加上简单的剪辑和音乐，分享到班级群里；还可借助时下流行的 APP 短视频的形式来丰富教学课堂，如鼓励学生自学热门的舞蹈健身操动作，在课堂上分享给班级同学，教师将学生上课片段录制成短视频，制作好上传到 APP 平台等。通过这样的形式大家一起分享、一起讨论、一起进步，既可以提高学习积极性，激发学习兴趣，开阔视野，还可以培养学生的自主学习意识。

第五节　健美操课程融入思政元素的教学评价设计

一、健美操课程教学基本评价方法

长期以来，作为立德树人关键课程的思想政治课，关键作用方面的功能并未充分发挥。由于其刻板的教学模式，与学生的生活实际有较远的距离，不能真正起到价值引领的作用，评价方式以讲为主、以背为辅。因此，思想政治课教学必须以正确价值为引领，以科学的教学评价促进课堂教学不断优化与提升，从而达到教学效果更加优化的育人目标。

（一）课堂展示

评价重心应该更加关注过程，而不是结果，这样才能让评价产生较好的效果。课堂有了展示才会精彩，如果加以正确引导和评价，学生在展示中不仅能拓宽视野、提升能力，还有助于形成正确的情感和价值观。

但是，以往的教学理念依然影响着现在的课堂，无论是教师还是学生和家长，都还习惯于对教学结果的重视，考试成绩似乎决定了学生的学习态度和未来命运。因此，教师应该加强课程展示和评价，这样可以及时对学生的学习进展和学习态度进行评价，从而能够逐渐扭转学生的学习观念。

（二）鼓励激发

在教学评价中，教师应该有意识地多采取鼓励的方法，对学生的学习过程和学习态度及时给予积极的引导。在体育课堂上，教师应采用能激发学生自信的鼓励性评价，引导学生向着更加积极的一面展开思考。这是课程思政的重要体现，因此对学生的思想政治的教导，首先最基本的就是要具有积极乐观的精神，能够在困难中看到希望，在挫折中依然不懈努力和成长，这是青年学生应该掌握的重要品质。

课堂教学任务在于调动学生思维，激发学生的好奇心和求知欲，进而启发思维，引导学生积极投入学习活动中。在进行课堂教学评价时，不是简单空洞地说教，告诉学生中华民族精神具有怎样的价值，而是精心设置情境式课堂评价方式，重视知识以外的综合素质发展。

（三）个性本性

传统的政治课堂评价标准过多强调共性和一般趋势，易忽视学生个性差异和本性发展。价值课堂教学属于群体性学习过程，教学环境能够直接激发学生学习兴趣。良好的群体学习氛围可以激发学生无穷的想象力和创造力，而良好的学习氛围需要采用立足学生学情的教学评价，因此在思政课教学中，教师应该努力构建设计个性、人性化的教学评价，营造和谐的课堂教学氛围。

具体来说，就是教学设计要基于学生，教学组织要围绕学生，教学方法要贴近学生，教学手段要适应学生，教学训练要促进学生。人的思维活动并非凭空产生的，需要借助独特、新颖的情境。在教学评价中，教师善于创新设计引发好奇、增强兴趣、主动参与，这是培养学生创造性思维和独特个性的重要条件。

（四）多元创新

课堂评价也要注意多元创新，通过多元创新激发学生的参与热情和接受程度，青年学生往往都喜欢新事物，教师应该努力打破常规，使教学评价更加生动有趣、更加多元，从而有利于学生对评价的接纳和认可，并使评价真正地产生积极效果。创新是思政课程教学改革的重要手段，然而创新也要寻求更加多元化，更符合时代的特征，这样才更容易被学生接受，更符合他们的心理需求。课堂评价是一个非常讲求技术和艺术的环节，有些非常善于进行课程评价的教师，能够把握知识的特点、学生的接受能力以及兴趣特点，因此必须采取多元创新的方式，才能令课程评价更加生动、有效。

学生群体由于其年龄特征和生理特性，特别容易被新鲜事物吸引，只要能抓住这一特点，构建多元有效的课程评价体系就不是一件难事。每一个时代的学生有每一个时代的特征，甚至在同一个时代的不同地区，也具有不同的特点，以及具有不同的接受程度。因此，教师要根据所教学生的具体情况，选择合适的评价方式，逐步调动起学生的主动性和积极性，通过创新评价方式努力提高政治课的吸引力和鲜活度。

1. 模式多元化

首先应该确立评价模式，模式的建立能够快速地搭建起较为全面的评价体系。就创新而言，现代社会具有得天独厚的条件，首先是各种发达的信息技术、多媒体技术，以及全球化背景下，各国各民族的文化得到很大程度的传播和交融，这些都为创新创造了优越的准备条件。就健美操的教学而言，以往只能在课程上，通过教师的演示与讲解传授知识和技能，但是在信息时代，有太多的技术可以应用。比如，现在的青年学生对互联网有非常大的依赖性，教师可以借助这一特点，如将网络媒体、移动媒体引入课堂和课下。通过微信、微博、抖音等社交平台和短视频平台，与学生创建新型的评价模式和体系，这是大多数学生都非常乐意参与和接受的方式，他们不仅能够顺利过渡，而且也会更加积极主动地参与进来。

2. 方式多样化

课堂评价方式可以根据不同的情形以及不同的场合大胆创新。

首先，原来的课堂评价仅仅是教师对全班整体的学习情况进行抽象的点评，以鼓励为主，而线上工具如微信、QQ 等，为教师进行一对一的单独评价创造了非常有利的条件。特别是点评学生的不足，甚至是批评学生，通过一对一的方式，很好地保护了学生的隐私，维护了学生的面子，在不打击学生自尊心和积极性的前提下，进行有针对性和指导性的评价。

其次，多样化的教学评价，还有效地提升了教师的教学效率，使教师能够更加灵活地处理教学和评价的关系。

最后，通过建立不同的社区账号，教师可以对居住在不同地方的学生，随时随地进行统一教学和指导。这对提高学生的专业技能和思政水平都有显著的现实作用，能够全面地促进学生综合能力的提升。

3. 手段新颖性

健美操课程的教学评价手段也有很大的创新空间。比如，教师可以设计成长日记、情景测验、时事观察等新颖的评价手段，追求评价的科学性、实效性和可操作性，适应综合评价的需要，使学生在新型评价体系中对知识学习和技能提高保持信心，并逐渐增强学生应变能力和应急处理能力，引导学生掌握知识达成目标。

二、融入思政元素的健美操课程教学评价设计

（一）评价主体

教学督导评课：教学督导专家可由学校领导干部组建，通过随堂听

课或不定时旁听课程的方式，重点考核教师在健美操“课程思政”教育方式是否合理、合适，实施效果是否显著，查看健美操教师是否认真落实学校有关“课程思政”的相关规定。

思想政治教师：思想政治教师对挖掘健美操思想政治元素准确性的把握，以及与健美操课结合的方式比较专业，思想政治教师作为评价主体之一可以使健美操“课程思政”的思政元素更准确，在课堂中能用更有效的方式传授给学生。

健美操教师：同专业教师更加了解健美操专业技能的知识，可以互相听课，基于自己教学经验对课堂提出建议，既可以促进被听课教师不断进步，又能提高听课教师的教学水平。

学生：学生是课堂实践的主体，参与教学的全过程，教师应在教学中鼓励学生及时把课堂感受和意见提出来，这种教学反馈对教师及时改进教学很有意义。

（二）评价标准

如何对健美操“课程思政”教学进行评判是一个重要问题。一节优秀的健美操“课程思政”应该从多方位的角度来评价，应有具体的评价标准。需要做到政治方向正确、健美操专业技能和思想政治教育有机融合并且具有有效性，以保证课堂的效果和质量。

第一，健美操“课程思政”教学的首要评价标准是政治方向是否正确。大学生正处在价值观形成的关键时期，分辨能力不强，需要教师的积极引导。所以，要求健美操教师要有正确的价值观、人生观，才能引导学生正确的政治方向。

第二，健美操“课程思政”教学的重要评价标准是健美操专业知识和思想政治教育元素是否有机融合。一节优秀的健美操课，不只是传授专业知识技能，当然也不是将健美操课上成思政课。这取决于健美操教师是否有培育学生品德的意识与能力。要做到二者的融合，需要健美操教师多留心生活中、学习中的人和事，日积月累，可形成自己的健美操“课程思政”素材库，逐渐丰富自己的教学实践。

第三，健美操“课程思政”教学的另一个重要评价标准是是否具有有效性。首先，健美操“课程思政”教学应具有针对性。教师要针对学生特点，选择与健美操专业知识相关的思想政治素材，正确挖掘思政元素，引导学生在学习健美操知识的同时接受思想教育，避免出现“灌鸡汤”现象。其次，健美操“课程思政”教学应与时俱进，教师作为学生价值观的引导者必须要与时俱进。将学生关注的时事热点、健身塑形等知识运用到课堂中，从而可以调动学生的学习积极性，引起学生的共鸣，提升健美操“课程思政”课堂效果。

（三）评价内容

解长福、周利民、程才瑞等学者在大学篮球“课程思政”路径研究中也提出，一方面要对教师的教学内容、方法、学科专业知识掌握程度进行评价，另一方面也要对教师的教学素质、教学思想、思政教育目标达成、教学效果进行评价。健美操课程思政也是如此。教学督导主要是从健美操“课程思政”在落实学校文件方面、实施效果方面对健美操“课程思政”进行评价，保证课程能规范科学地开展。

第六章　健身健美操学练指导

健身健美操是健美操中普及率最高、最常见、练习人数最多的一类，因此在学生群体以及社会上都具有较强的影响力。本章将对健身健美操学练进行详细的讲解，分别包括健身健美操概述、健身健美操基本动作学练和健身健美操成套动作学练三个部分。

第一节　健身健美操概述

就目前我国的情况来看，健身健美操是健美操种类中占比最大的一部分内容，具有绝对性优势，大部分人练习健美操都是为了休闲健身，丰富生活内容，提高生活品质。因此，学习健美操绕不过健身健美操这部分的内容，需要对其有着基本的认识和了解。

一、健身健美操的概念与分类

（一）健身健美操的概念

实际上，最初的健美操就是从一项大众健身运动发展起来的，也就是普通大众作为日常健身娱乐的一种运动项目，它比学校健美操和竞技健美操出现得更早，因此也具有更加广泛的影响力和受众群体。健身健美操与学校健美操和竞技健美操最大的区别是健身健美操主要是针对普通大众的健身锻炼而设计的，具有娱乐、休闲、社交等多种社会功能，而对练习者的身体素质、运动技能以及年龄等没有具体的要求，只要喜欢就可以学习和练习，可以自由地根据自身的喜好来选择适宜难度的内容进行练习，只要能达到健身、娱乐的效果就可以。

普遍认可的关于健身健美操的概念为：健身健美操是以身体锻炼为基本手段，跟随着音乐的伴奏进行的一种增进身体健康、愉悦身心的体育健身运动项目。①

（二）健身健美操的分类

由于健身健美操发展时间较长，因此逐渐衍生出许多种种类，在不同的地区、不同的人群间有不同的流传度。但是根据不同的功能或属性，有不同的分类方法，以下是常见的健身健美操的分类，如图 6-1 所示。

二、健身健美操的特点

健身健美操是一种包容性很强的健身运动形式，没有竞技健身操那样较为严格的要求和规定，它主要具有以下三个特点（图 6-2）。

（一）具有广泛的适用性

健身健美操具有非常强的适用性，对于练习者几乎没有任何条件的限制，无论什么年龄、性别、身体素质情况，都可以轻松找到自己喜欢而且适合自己客观条件的训练内容。可以说，资源非常丰富，只要坚持，就可以收到很好的效果。一般可以体现在以下几个方面。

（1）从场地空间的角度来看，健身健美操几乎不受环境条件的影响，场地可大可小，可以在室内也可以在室外，对器械更是没有要求，因此健身健美操具有非常广泛的群众基础。

---

① 单雪莲．健身性健美操与民族健身操舞的比较研究[J]．文体用品与科技，2020(22)：26-28.

- 健身性健美操
  - 按性别划分
    - 男子健美操
    - 女子健美操
  - 按年龄划分
    - 老年健美操
    - 中年健美操
    - 青年健美操
    - 少儿健美操
    - 幼儿健美操
  - 按人数划分
    - 单人健美操
    - 双人健美操
    - 三人健美操
    - 六人健美操
    - 集体健美操
  - 按人体解剖部位划分
    - 颈部健美操
    - 肩部健美操
    - 手臂健美操
    - 胸部健美操
    - 腹部健美操
    - 髋部健美操
    - 腿部健美操
  - 按动作风格划分
    - 拳击健美操
    - 搏击健美操
    - 拉丁健美操
  - 按目的划分
    - 形体健美操
    - 减肥健美操
    - 保健健美操
    - 康复健美操
    - 产后健美操
  - 按练习形式划分
    - 徒手健美操
    - 器械健美操

图 6-1　健身健美操的分类

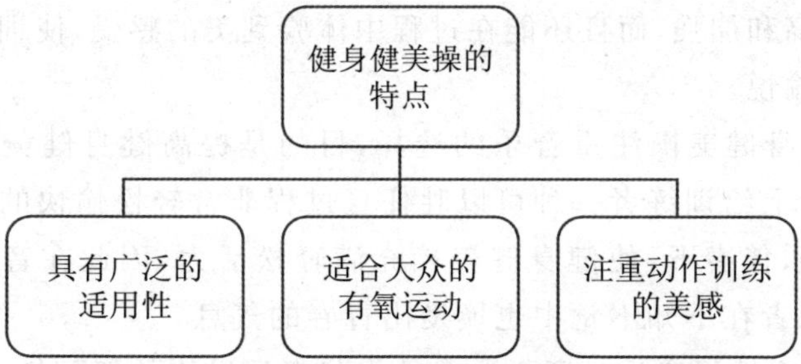

图 6-2　健身健美操的特点

(2)从练习人群的基础的角度来看。健身健美操的主要功能就是针对各种身体条件人群的一种健身选择,因此具有非常广泛的适用性。无论练习者是否有较好的身体素质,是否常年坚持锻炼,只要身体健康就可以练习。因为健身健美操可针对不同人群的各种风格、运动强度的内容进行选择。因此,任何人群都可以选择健身健美操进行锻炼和学习。

(二)适合大众的有氧运动

对于绝大多数的健身人群而言,他们大多数都倾向于选择有氧运动进行锻炼。而有氧运动中健美操是一项非常有活力的运动形式,如和慢跑、马拉松、游泳相比而言,健美操动感十足,而且还有音乐伴奏,在运动过程中不会感到枯燥和乏味。同时,健美操还是一项团体运动,即使在感到疲惫的时候,因为每个人都有责任和团队保持动作的协调与配合,也会激励自己坚持下来,所以对于意志力比较薄弱的人而言,健身效果也会比孤军奋战要好一些。

不过总体来说,健身健美操的运动强度有较大的选择空间,各种身体素质的普通人都可以根据自身条件进行选择。

(三)注重动作训练的美感

健身健美操非常注重动作编排的协调性与美感,往往会选择情绪欢快的音乐作为背景音乐。一般体现在以下几个方面。

(1)健身健美操主要是以普通人群的健身为主要目的,因此在动作编排上非常注重协调性与美感，以便让训练者在锻炼中，不仅得到身体素质的提高和加强，而且还能在过程中体验到美的感受，使训练者的身心都得到愉悦。

（2）健身健美操注重音乐的选择，目的是提高健身健美操的轻松感，从情绪上给训练者一种可以胜任且过程非常轻松愉快的感觉。在轻快的音乐伴奏下，使健身健美操充满轻松活力，因此在音乐的带动下，让训练者在不知不觉中也焕发出青春的气息。

另外，在选择音乐时还要注意动作与音乐风格的匹配性，从整体上体现出健身健美操的协调性与美感，这样才能将成套动作的特点突出出来。而且，选择感染性强的音乐也有助于促进训练者的学练热情。比如，在欢快的音乐声中，可以激发训练者更强的运动激情，从而不易产生疲劳感，甚至在身体感到疲劳的时候，心情依然是飞扬的、快乐的，可以有效促进机体分泌血清素，从而增强运动的愉悦感。

三、健身健美操的功能

健身健美操作为一种经典的健身活动，具有广泛的群众基础，能够满足大众多方面的健身需求，主要是因为健身健美操具有以下几个方面的功能。

（一）增强生理功能

健身健美操作为一项有氧运动，对于提升人体的心肺功能、增强免疫力具有显著的作用。以下将从身体机能和身体素质两个方面展开分析。

1. 身体机能方面

（1）健身健美操的一些筋部动作（如顶筋、提馈、绕筋等）和腰腹动作（如屈、转、绕环等）对肠胃等消化器官起到很好的锻炼作用，特别是学生一族或者上班族，由于学业和工作的原因，长期保持坐姿，因此如果能够经常进行健身健美操运动，可以有效地改善消化功能，促进腰腹部的血液循环和营养代谢，有利于身体的健康。

(2)健身健美操是一种全身性运动，而且包含跳跃、转体、拉伸等多种运动，从而可以有效地锻炼身体的各种机能，对于青少年骨骼的生长也具有促进作用。长期坚持健身健美操的锻炼，对人体的骨骼、关节都有保健作用。

(3)经常参加健身健美操的训练，对人的精神面貌也有积极作用。比如，人们在轻快的、充满活力的音乐声中训练，能提升运动的热情，促使训练者集中注意力、积极再现、快速反应，这对于其神经系统的灵活性和均衡性的改进是有帮助的。

(4)健身健美操属于有氧运动，其供能方式主要是以有氧代谢为主，因此经常性地进行健身健美操运动锻炼，能使练习者的呼吸深度加大，肺通气量增加，肺部的容积增大，提高呼吸系统的机能水平。

(5)经常参加健身健美操锻炼，不仅使得心肌纤维的收缩力增强，而且还提高了心脏的储备力量。

2. 身体素质方面

(1)经常进行健身健美操的锻炼，可以逐渐提升机体的力量、速度和耐力水平，从而从整体上提高身体素质。

(2)经常进行健身健美操的锻炼，还可以增强运动神经元的工作能力，延缓疲劳的出现，从而具有更好的耐力水平。

(3)经常进行健身健美操的锻炼，还可以促进身体协调能力的提升，通过不间断地跑、跳、旋转等动作的练习，可以有效训练人体的平衡能力和协调能力。

(4)经常进行健身健美操的锻炼，可以训练全身的大小肌群，从而充分地拉伸或收缩肌肉，使肌肉、肌膜和韧带的弹性得以增强。

(二)塑造完美身体形态功能

健身健美操在校园里受到大部分女学生的欢迎，主要是因为它塑形瘦身的功能。只要运动方式合理而且长期坚持的话，一定会收获更为健美的体型和体态。

1. 体型方面

身体的健美首先取决于身材适中，没有或者较少有赘肉。而健身健美操作为一项全身的有氧运动，能够有效地起到燃脂的作用。如果能辅以健康的饮食，针对身体局部进行无氧训练，那么一定能收获健康的曲线美。

2. 体态方面

体态问题是很多人忽视的影响整体气质与美感的重要因素，而健身健美操对坐姿、站姿、走姿等都有着严格的要求。无论是哪种难度的健身健美操，也无论是什么训练内容，都会对人体的头、肩、臂、腿等有细致的要求，一般都要求练习者保持挺胸、收腹、夹臀、提气等，这些都是控制体态的重要元素，做到这些，就能使人体现出一种积极向上的精神面貌，赋予人独具魅力的气质。

第二节　健身健美操基本动作学练

健身健美操是健美操中涉及人群最广、影响力最大的一种，它的内容非常丰富，适合绝大多数人群进行日常锻炼。本节将主要讲解健身健美操的学练基础。

一、头颈动作

（一）屈

头部向前、后、左、右 4 个方向分别做颈部关节弯曲的运动，包括前屈、后屈、左侧屈、右侧屈（图 6-3）。练习时身体正直，动作缓慢，充分伸展颈部肌肉。

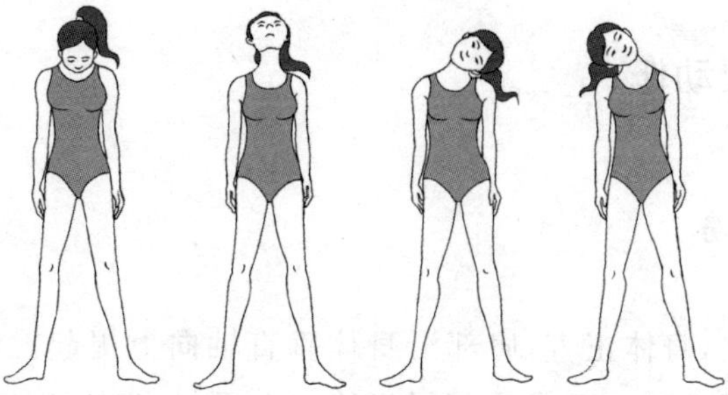

图 6-3　屈

（二）转

头正直，头颈部沿身体垂直轴向左、右转动 90°。要求下颌平稳地左右转动。动作包括左转、右转（图 6-4）。

（三）环绕

头正直，头颈部沿身体垂直轴向左或右转动 360°，包括左环绕和右环绕（图 6-5）。要求头部匀速缓慢转动，动作要到位，向后转时头要后仰。

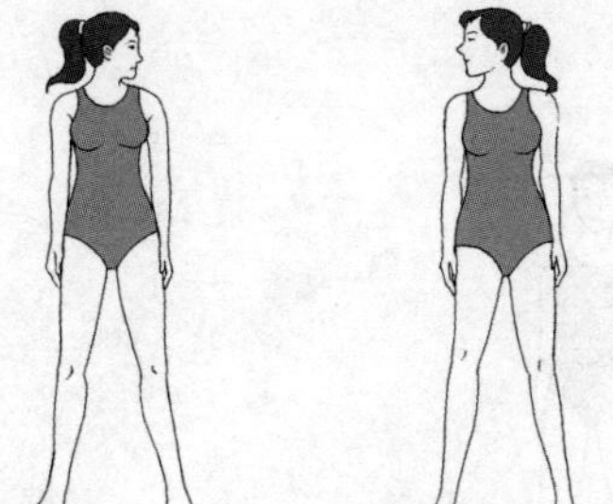

图 6-4　转

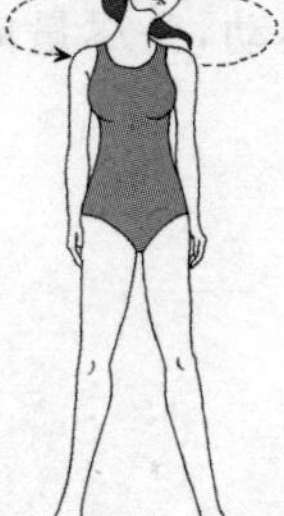

图 6-5　环绕

二、肩部动作

（一）提肩

两脚开立，身体正直，肩部沿身体垂直轴向上提起。动作包括单提肩、双提肩（图 6-6）。要求肩部尽可能向上提起，身体不能摆动。

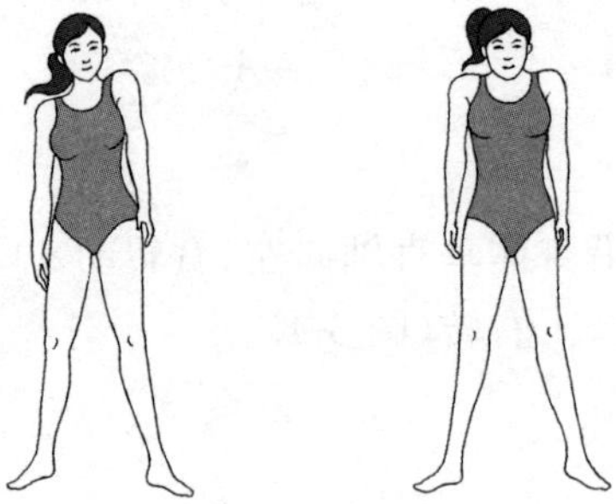

图 6-6　提肩

（二）沉肩

两脚开立，身体正直，肩部沿身体垂直轴向下沉落（图 6-7）。注意身体不能摆动，头尽量向上伸展。

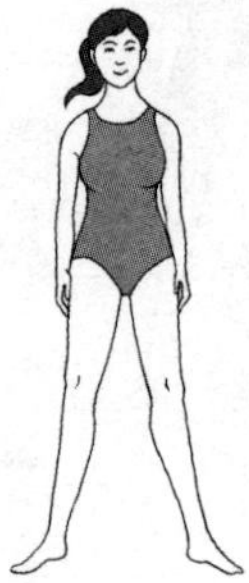

图 6-7　沉肩

(三)绕肩

两脚开立,身体正直,肩部沿身体前、后、上、下四个方向绕动。动作变化包括单肩环绕、双肩环绕(图 6-8)。绕肩时身体不要摆动,动作尽量舒展。

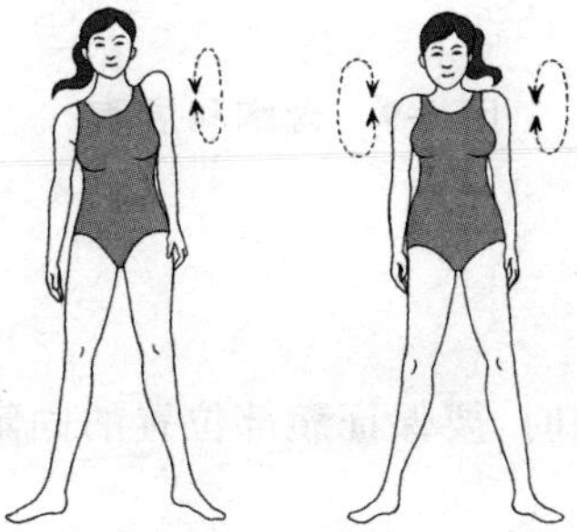

图 6-8 绕肩

三、躯干动作

在健身健美操中,躯干部位是所有动作中最富表现力的,胸、腰、髋等都属于躯干的范畴,因此躯干动作便涉及这三个部位。

(一)胸部动作

胸部动作主要包括含胸、展胸、摊胸、移胸、振胸。

1. 含胸、展胸学练

进行含胸学练时,要使身体处于放松状态,但要注意不是松懈。

进行展胸学练时,身体保持紧张状态,但要注意不是僵硬。

在进行含胸和展胸动作的学练时,可以将手臂动作加进去,如常见的有手臂胸前平屈含胸、手臂侧平举展胸等动作的练习(图 6-9)。

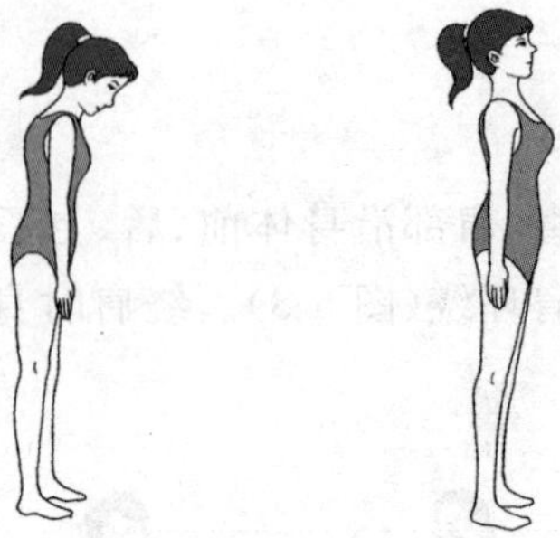

图 6-9　含胸和展胸

2. 移胸、振胸学练

进行移胸动作学练时，要保证髋部位置的固定，同时，胸部要在腰腹部的带动下移动。

进行振胸动作学练时，要保证胸部是朝一个方向进行摆动的。振胸具有显著的弹性、节奏性特点。

比较常见的学练动作主要有提肩移胸、手臂侧平举移胸、举臂振胸等，要反复多次进行练习。

(二)腰部动作

腰部动作包括：屈、转、绕和绕环、波浪。

1. 屈

屈腰的动作学练是身体屈伸的重要动作之一，训练时，腰部向前或向侧做拉伸运动(图 6-10)。注意动作幅度应该由浅到深，逐渐增加伸展的程度，最终伸展充分，另外，动作尽量缓慢，不能硬拉，也不能太快。屈腰练习一般有体前屈、体侧屈、体后屈几种形式，练习时可以交替进行，使腰部肌肉充分、均匀地得到训练。

2. 转

转腰的动作学练也是腰部动作练习的重点内容，其形式就是利用腰部肌肉带动身体沿垂直轴左右转动，同样的，转动的速度要慢，幅度要逐渐加大（图 6-11）。在学练过程中，身体要保持紧张，但不是僵硬，肌肉处于运动的状态，腰部保持灵活的转动。

图 6-10　屈

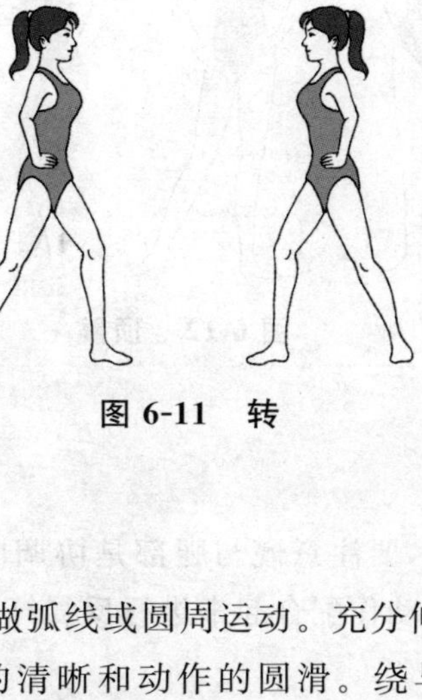

图 6-11　转

3. 绕和绕环

绕和绕环是指腰部做弧线或圆周运动。充分伸展腰部肌群，学练过程中，一定要保证路线的清晰和动作的圆滑。绕与绕环也有很多种形式，如一手头后屈，一手叉腰，做腰部绕环运动。

4. 波浪

进行腰部波浪动作学练时，两腿开立，从头开始，颈、胸、腰、髋各关节依次向侧屈伸，要将其连贯波浪的形式体现出来。在学练过程中，各部位必须有顺序地依次屈伸，在动作上要做到清晰连贯，过渡要自然，不能有生硬的感觉。通常，可以与手臂动作结合起来进行反复练习。

(三)髋部动作

髋部动作包括:顶髋、提髋、摆髋、绕和绕环。

1. 顶髋

进行顶髋学练时,上体要保持正直,顶髋要用力,并且要将节奏感表现出来(图 6-12)。顶髋的具体形式有很多种,通常会与上肢动作结合起来进行,如体前交叉顶髋、两臂侧平举顶髋、双手叉腰顶髋,可以反复多次练习。

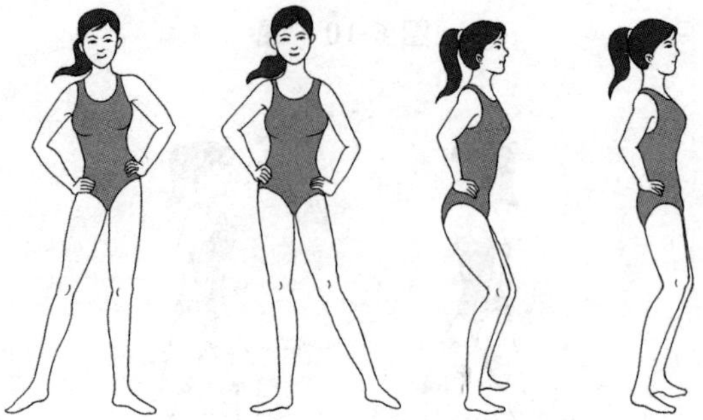

图 6-12　顶髋

2. 提髋

进行提髋学练时,要注意髋与腿部是协调向上的。在学练过程中,要将提髋动作与手臂动作配合起来进行反复练习。

3. 摆髋

在进行摆髋动作的学练时,注意腰部要配合髋部动作,并保证腰部是在髋部的带动下协调摆动的。在学练过程中,如两臂侧平举随髋摆动,两臂上举随髋摆动等动作可以进行反复多次练习。

4. 绕和绕环

在进行髋部绕和绕环动作的学练时,髋部做弧线或圆周运动,同时还要保证运动轨迹的圆滑(图 6-13)。在学练过程中,两臂上举髋部绕环,两臂前举髋部绕环等动作可以进行反复多次练习。

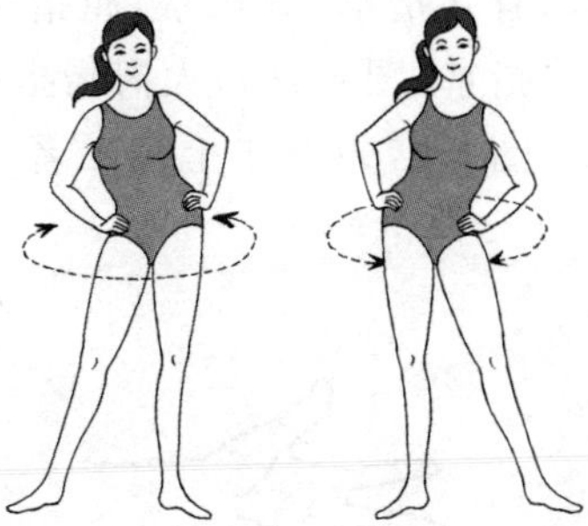

图 6-13 环绕

四、上肢动作

(一)手 型

手型的变化是比较多样的,不仅基本的拳、掌能进行进一步的细分,除此之外,还有其他的几种特殊的手形。在健身健美操中,通过手型的变化,能够使单调的手臂动作得到进一步的丰富和充实,使手臂动作的变化性和审美性更加显著,除此之外,这对于动作力量性的加强也是非常有利的。

1. 拳

健身健美操中的拳,通常可以分为实心拳和空心拳两种,二者的区别主要在于拳心有无空隙(图 6-14、图 6-15)。

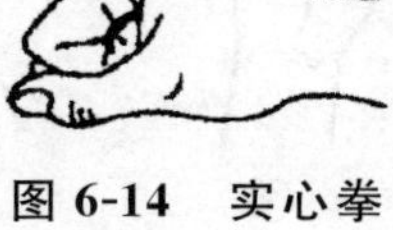

图 6-14 实心拳

图 6-15 空心拳

2. 掌

健身健美操中的掌，有并指掌、分指掌、屈指掌三种形式，其中五指用力分开，并伸直的为分指掌（图 6-16）；大拇指指关节弯曲内扣，其余四指并拢伸直的为并指掌（图 6-17）；介于上述二者之间，且五指自然弯曲的，则为屈指掌（图 6-18）。

图 6-16　分指掌

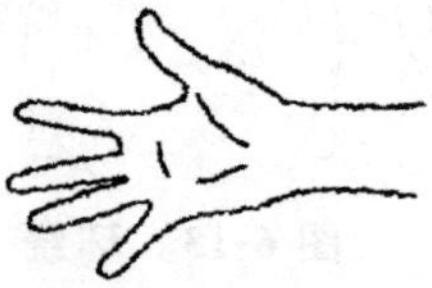

图 6-17　并指掌

图 6-18　屈指掌

3. 其他手型

除了掌和拳，还有以下常用的手形。

(1)西班牙舞手型

五指分开，小指内旋，拇指稍内收（图 6-19①）。

(2)剑指

食指和中指并拢伸直，拇指、无名指小指内收（图 6-19②）。

(3)“V”指

拇指与小指、无名指弯曲，食指与中指伸直并尽力分开（图 6-19③）。

(4)响指

无名指与小指屈握，拇指与中指、食指摩擦后，中指击打大鱼际处产生响声（图 6-19④）。

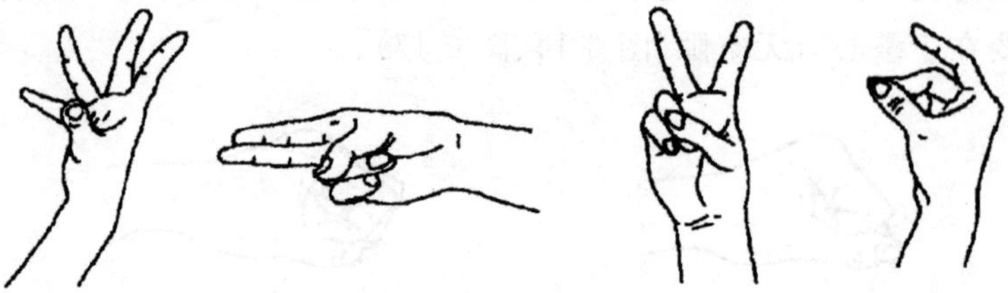

①　②　③　④

图 6-19　各种手型

（二）手臂动作

健身健美操中的手臂动作主要有举、屈伸、绕和绕环。

1. 举

进行手臂举的动作学练时，以肩关节为轴，臂的活动范围不超过180°并停止在某一部位（图 6-20）。在手臂举的学练过程中，一定要保证动作到位、路线清晰、有力度。健身健美操中，手臂的举的动作形式有很多种，如有前举、上举、前上举、前下举、侧举、下举、侧下举、侧上举、后下举等，可以反复多次练习。

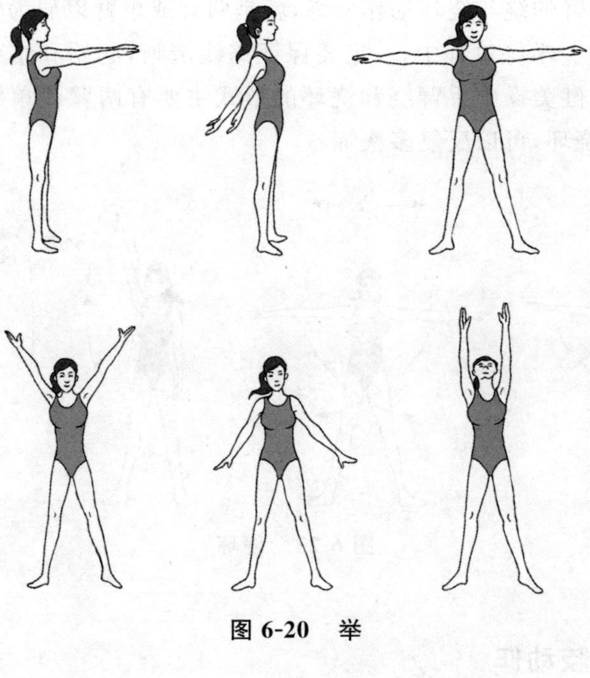

图 6-20　举

2. 屈伸

进行手臂屈伸的学练，即为肘关节由弯曲到伸直或由伸直到弯曲。在学练过程中，一定要做到关节有弹性地屈伸（图 6-21）。健身健美操中手臂屈伸的形式有很多种，如胸前屈、胸前平屈、肩侧屈、肩侧上屈、肩侧下屈、胸前上屈、腰侧屈、头后屈等，可以反复多次进行练习。

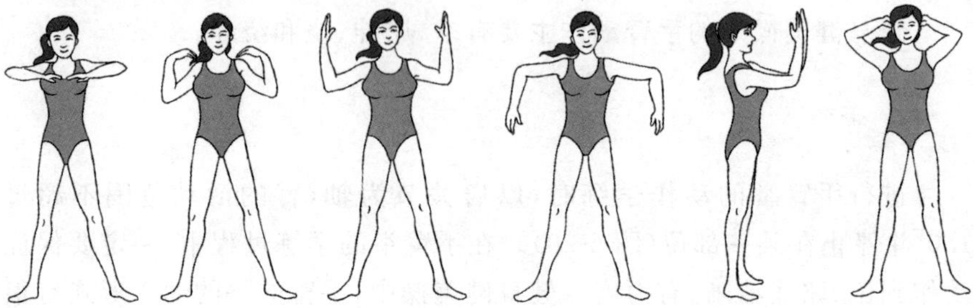

图 6-21　屈

3. 绕和绕环

进行手臂的绕与绕环动作学练，就是两臂或单臂以肩为轴做弧线运动(图 6-22)。学练过程中，一定要保证路线清晰，起始和结束动作位置明确。健身健美操中手臂绕和绕环的形式主要有两臂或单臂向内、外、前、后绕或绕环，可以反复多次练习。

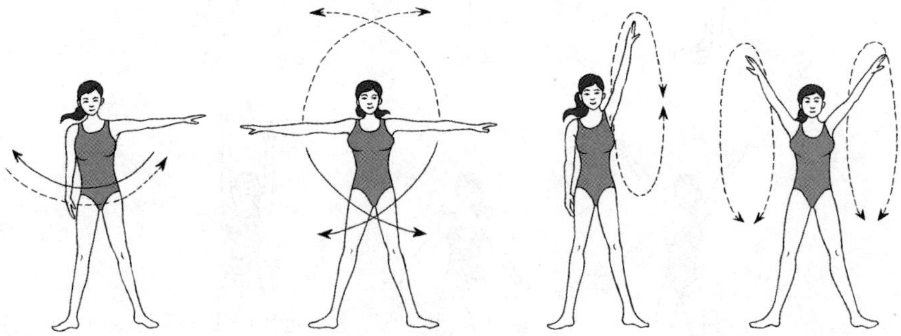

图 6-22　绕环

五、下肢动作

健身健美操的下肢动作主要分为无冲击动作、低冲击动作以及高冲击动作三种，每一种又可以进一步细分为多种动作。

(一)无冲击动作

1. 半蹲学练

进行半蹲学练时,一定要将身体重心置于两腿之间,屈膝时,膝关节与脚尖的方向是一致的,要注意膝关节不能超过脚尖的位置,下蹲时身体要稍向前倾。健身健美操中半蹲的主要形式有并腿半蹲、迈步半蹲、迈步转体半蹲等多种,可以反复进行多次练习。

2. 弓步学练

弓步有两种,一种是双腿弓步(两腿前后开立,两脚距离与髋同宽,脚尖朝前,两腿同时屈伸);一种是单腿弓步(一腿屈膝,另一腿伸直)(图 6-23)。在学练过程中,要将身体的重心置于两腿之间,前腿膝关节弯曲要控制在 90°以内,膝关节要保持在脚尖之后。健身健美操中弓步的具体形式有原地前后弓、原地左右弓步、转体弓步等这几种,可以反复多次练习。

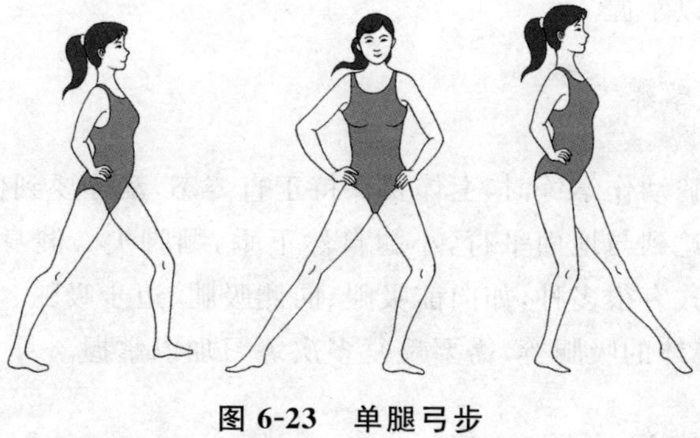

图 6-23　单腿弓步

(二)低冲击动作

在健身健美操的编排中,低冲击动作是运用最多的一种动作类型。其具体包含以下这些内容。

1. 踏步学练

进行踏步动作学练时，两腿要依次抬起并依次落地。在下落时，要借助膝、踝关节做好缓冲，避免运动损伤的产生。健身健美操中踏步的具体形式有多种，如踏步转体、踏步分腿、踏步并腿、弹动踏步等，要反复多次练习。

2. 并步学练

进行并步动作学练时，一定要借助膝、踝关节来做好弹动缓冲，重心的过渡时一定要保持平稳，切忌忽高忽低。健身健美操中并步的形式有多种，如左右的并步、前后的并步、向两侧的并步、转体的并步等，可反复多次练习。

3. 走步学练

进行走步动作学练时，要借助膝、踝关节做好落地的弹性缓冲，上体在协调摆动时要将节奏感表现出来。健身健美操中走步的具体形式有：向前向后走步、向侧前和侧后走步、向左右转体或弧线走步等，需要反复多次练习加以掌握。

4. 吸腿学练

进行吸腿动作学练时，上体要保持正直姿态，动作要到位，如大腿抬起的幅度要达到与地面平行，小腿自然下垂，绷脚尖。健身健美操中吸腿的具体形式有很多种，如向前吸腿、向侧吸腿、迈步吸腿、上步吸腿、向侧前吸腿、转体的吸腿等，需要反复多次练习加以掌握。

5. 一字步学练

进行一字步动作学练时，要注意偶数拍都有并步，落地时，要借助膝、踝关节来进行有弹性的缓冲。健身健美操中一字步的具体形式有很多种，如向前向后的一字步、转体的一字步等，需要反复多次练习加以掌握。

6. V字步学练

进行V字步动作学练时,要注意两脚开立的距离比肩宽要大,身体的中心放在两腿之间,屈膝时膝关节的朝向与脚尖方向一致。健身健美操中V字步的具体形式有倒V字步、转体V字步、跳的V字步等,需要反复多次练习加以掌握。

7. 漫步学练

进行漫步动作学练时,一定要重视重心的前后移动,同时动作上要有弹性表现。健身健美操中漫步的具体形式有转体的漫步、跳的漫步等,需要反复多次练习加以掌握。

8. 迈步移重心学练

进行迈步移重心的动作学练时,下蹲屈膝时的膝关节朝向与脚尖方向是一致的,重心有明显的上下、左右移动。健身健美操中迈步移重心的主要形式有左右移重心、前后移重心、转体移重心等,需要反复多次练习加以掌握。

9. 交叉步学练

在进行交叉步动作学练时,重心的移动要及时,并借助膝、踝关节来做好有弹动的缓冲。健身健美操中交叉步的主要形式有左右的交叉步、转体的交叉步等,需要反复多次练习。

10. 摆腿学练

摆腿时幅度要控制在适宜的范围内,不能过大。健身健美操中摆腿的具体形式主要有向前摆腿、向侧摆腿两种,需要反复多次练习。

11. 踢腿学练

进行踢腿动作学练时,上体要保持正直姿态。主力腿脚跟始终紧贴地面,通过膝关节的微屈达到缓冲的效果。为了避免运动损伤,根据个人具体情况来确定踢腿的幅度。健身健美操中踢腿的主要形式有:向前提、向侧踢、向后踢、移动中踢腿等，需要反复多次练习加以掌握，如图 6-24 所示。

图 6-24　踢腿

（三）高冲击动作

健身健美操中的高冲击动作，实际上就是平常所说的跳类动作，主要有以下这几种。

1. 跑学练

进行跑的动作学练时，要注意借助膝、踝关节做好有弹动的缓冲，落地时由前脚掌过渡到全脚掌。健身健美操中的跑主要有原地跑、向前跑、向后跑、弧线跑、转体跑等多种形式，需要反复多次训练加以掌握。

2. 双脚跳学练

进行双脚跳的动作学练时，腾空的动作要到位，双脚并拢，膝盖伸直，落地时通过屈膝的方式达到缓冲效果，由前脚掌过渡到全脚掌。健身健美操中双脚跳的形式主要有原地并腿跳、向前并腿跳、左右并腿跳、转体并腿跳这几种，需要反复多次练习加以掌握。

3. 并步跳学练

进行并步跳的动作学练时，身体重心的移动要快，落地时要注意做好缓冲。健身健美操中的并步跳的形式有向前并步跳、向后并步跳、向侧并步跳等，需要反复练习加以掌握。

4. 开合跳学练

进行开合跳的动作学练时，一定要借助膝关节做好落地时的缓冲，分腿落地时屈膝且朝向与脚尖方向一致。健身健美操中的开合跳的形式有原地开合跳、转体开合跳几种，需要反复练习加以掌握。

5. 单脚跳学练

进行单脚跳的动作学练时，要注意跳跃落地时通过屈膝弹动做好缓冲。健身健美操中单脚跳的具体形式有：原地单脚跳、移动单脚跳、转体单脚跳这几种，需要反复练习加以掌握。

6. 点跳学练

进行点跳的动作学练时，两脚轻松蹬地，身体重心的移动要保持平稳，膝踝的弹动也至关重要，能起到缓冲作用。健身健美操中点跳的形式主要有：原地点跳、向前点跳、向侧点跳、向后点跳、转体点跳等多种，需要反复练习加以掌握。

7. 弹踢腿跳学练

进行弹踢腿的动作学练时，无双脚落地的过程，弹踢腿脚尖伸直。健身健美操中弹踢腿的具体形式有：向前弹踢腿跳、向侧弹踢腿、转体的弹踢腿跳、移动弹踢腿跳，需要反复练习加以掌握。

六、健身健美操基本动作教学要点

（一）手型教学要点

拳、掌是健美操的基本手型，此外还包括剑指、“V”指、响指等其他手型，如果缺乏专门的手形训练，就会导致基础不扎实，做成套动作时手的动作不规范，如并掌时虎口大开、握拳时大拇指不由得伸出来等，从而影响动作的准确性和美感，因此手型训练很重要。

健美操手型练习一般安排在准备活动之后，教练员先讲解示范，然后练习者听教练员口令进行练习。可采用简化口令：拳—并（掌）—开（掌）—花（掌）—剑（指）—响（指）……口令速度逐渐加快，或者将顺序打乱，练习者可以原地练习各种手型，也可以在移动中练习，反复训练，熟练掌握各种规范的手形动作。

（二）手臂动作教学要点

手臂动作训练安排在手型训练之后，熟练各种手型是学习手臂动作的基础。手臂训练很重要，缺乏训练的人往往很难一气呵成地完成手臂动作，或者做手臂动作时因为控制力较弱而做不规范。

手臂动作训练同样可以采用口令练习法，练习者自然站立，听口令练习，如按“侧下—水平—侧上—上举”的口令顺序练习，训练时播放音乐伴奏，增加手臂动作的节奏感。

在手臂动作训练中，可以伴随基本手型的各种变化，熟练后也可以结合步伐动作进行训练，如踏步中听口令完成手臂动作，行进中听口令练习等，这样也能巩固手型动作，增加练习的趣味性。

（三）基本步伐教学要点

健美操基本步伐是健美操基本动作训练的重点内容之一，通过这方面的训练，能够促进练习者节奏感的提升和身体协调性的增强。按照人体活动时对地面的冲击力的大小，可以将健美操基本步伐分为下列三种类型，不同类型的步伐有不同的训练要求。

1. 无冲击步伐训练

完成动作时两脚触地的动作即为无冲击步伐，这类基本步伐动作相对简单，经过教练示范后，练习者基本可以掌握。关键是要多练习踝关节的弹动动作。可以不专门训练此类动作，当结合音乐练习时将此作为找点动作或在替换动作过程中将此作为过渡动作，都能达到练习效果。

2. 低冲击步伐训练

一脚着地,一脚离地的动作为低冲击步伐。一般采用叠加法进行训练,每次课专门训练一类低冲击步伐动作,逐个安排,但新的一节课开始要先复习前一节课练习的步伐,然后再学新的步伐。

3. 高冲击步伐训练

做动作时两脚都离地的动作就是高冲击步伐,简称跳类动作。在掌握低冲击步伐动作的基础上,同样可以采用叠加练习的方法来进行专门的训练,达到巩固提高的效果。

(四)选择有效教学方法

在健美操基本动作训练中,要根据不同训练内容和训练对象的特点灵活选择与它们相适应的训练方法。下面主要分析健美操基本动作训练的三种有效方法。

1. 单个动作重复训练法

反复多次练习各类单个动作,强化本体感受和正确动力定型,熟练掌握动作的规格,达到标准化要求。但要注意不能像机器一样简单重复练习,而要边练习边思考要注意什么,哪些地方容易出错,如何避免出错,如何在重复练习中增添趣味等问题。

2. 组合动作循环训练法

将一定数量的单个动作组合起来,或将成套动作中的组合动作连接起来,然后重复练习一定数量的组合动作。这种练习方法要求以较快的节奏完成训练,所以比较难。采用这种训练方法时,要根据具体情况来确定组合的数量和循环练习的次数,通过训练促进速度素质的提升、节奏感的增强以及对动作控制力的改善。

3. 组合动作间歇训练法

在组合动作训练中，组与组之间有间歇时间，经过缓冲与休息，心率恢复到一定水平后再开始进行下一组练习，这就是间歇训练法。每次间歇后，下一组的练习内容要比上一组多，在新的一组练习中，可以添加单个动作，也可以添加组合动作，遵循衡量递增的原则即可。练习强度也可以逐渐递增，直至达到成套动作的强度。

采用这种训练法时，随着训练时间、训练组数的增加，不仅能够强化动作的本体感觉，快速形成正确的动力定型，而且能够促进心脏机能的提升，促进抗疲劳能力的增强。

（五）与套路结合进行教学

进行健美操基本动作训练，最终是为了高质量完成成套动作，提升成套动作水平。在健美操比赛中，裁判员评分和排名是以运动员成套动作的完成质量为评判标准的，而运动员对各类基本动作的掌握情况直接影响成套动作的质量，因此说健美操基本动作训练是提升成套动作质量的基础环节，而且在基本动作训练中必须与成套动作相结合，从而使各类基本动作更好地为完成套路动作而服务。

要将基本动作与套路结合起来进行训练，就要将动作衔接规律掌握好，按照此规律进行基本动作与套路动作的连接练习。健美操成套动作中的若干基本动作是按照动作顺劲的要求连贯衔接的，掌握动作衔接规律便于对成套动作的理解与记忆，从而保证成套动作更加自然、连贯、流畅。

基于动作衔接规律的训练方法为，以主要的基本动作为主体，把各类动作与动作的衔接归纳成序，然后根据套路内容选择适当的基本动作或组合动作进行衔接性练习。常见形式有三种，即动作A—动作B，动作B—动作C，动作A—动作B—动作C（A、B、C是基本动作或组合动作）。①

① 李景红，蒋满华．健美操基本动作的训练与强化[J]．体育师友，2008(04)：28-30.

第三节　健身健美操成套动作学练

一、健身健美操基本套路动作学练

(一)组合一(4×8 拍)

1. 第一个八拍

1 左脚向前跑跳步,两臂侧平举。
2 右脚向前跑跳步,两臂头顶击掌。
3～4、5～6、7～8 同 1～2。

2. 第二个八拍

1～2 右脚向右前方一步,重心前移至右脚,同时两臂直臂立掌由下经前至前上举。

3～4 重心后移同时转体 90°成侧弓步,两臂侧平举,身体稍右侧屈,两臂与地面成 45°角。

5～6 下肢、躯干动作还原成 1～2 拍,两臂前下方交叉。

7～8 向左转体 180°至两腿交叉,屈膝半蹲,两臂后斜下举。

3. 第三个八拍

1～4 左脚向后跑跳步,前后摆臂。
5～6 两脚并拢向上跳,两臂前斜下举,掌心朝上,屈肘 2 次。
7～8 同 5～6 拍。

4. 第四个八拍

1 两脚跳起成开立，向右顶髋，手握拳，两臂侧平举。

2 右腿屈膝内扣，顶左髋，手握拳，右臂胸前屈，左臂侧平举。

3 手握拳，右臂经胸前绕至左边与左臂平行。

4 右臂经胸前绕至侧平举还原为动作 1。

5 收左腿，两腿屈膝半蹲，右臂屈肘向上成肩上侧屈，左臂屈肘向下成侧屈。

同 5，方向相反。

6 右臂向上冲拳，左臂屈肘向下拉。

7～8 同 5～6，方向相反。

（二）组合二（4×8 拍）

1. 第一个八拍

1～3 左脚向前跑跳步，手臂自然前后摆动。

4 吸右腿，两臂向上举，手心朝下。

5 右脚向右一步，同时两臂侧下举。

6 左脚向右后方一步，屈膝，两臂屈肘由内向外绕环，打响指，低头。

7 抬头。

8 保持不动。

2. 第二个八拍

1 左脚向左一步，两臂向上举。

2 右脚向左后方一步，与左脚交叉，两臂落下，手心向外。

3 与 1 拍相同。

4 右脚收回，脚尖点地，两臂落下，手心向外。

5 右脚右后退步，左脚尖侧点地，右肩经前向后绕环。

6 左脚向右脚并拢，左脚尖点地。

7 左脚后退步，右脚尖侧点地，左臂经前向后绕环。

8 右脚向左脚并拢，右脚尖点地，左臂绕到身体左侧。

3. 第三个八拍

1 右脚退步，两臂置于体侧。

2 左脚退步；胸前击掌。

3 右脚退步，双手握住向上举。

4 左脚退步，两臂下落。

5～6 右脚向左漫步，左腿屈膝后踢，右臂屈肘置于腹前，左臂屈肘置于腰后。

7～8 右脚向右侧弓步，右臂在体侧上举，左臂在体侧下举。

4. 第四个八拍

1～2 左脚向右漫步，右腿屈膝向后踢，双臂屈肘，手指触肩，经前向后绕环。

3～4 左脚向后漫步，双臂经前向后绕环。

5 左脚向左一步，左臂前平举立掌，右手叉腰。

6 上体左转 180°，手臂经体前至侧平举。

7～8 左腿直立，右腿屈膝侧点地，两臂交叉于胸前。

（三）组合三（4×8 拍）

1. 第一个八拍

1～2 右脚向右迈步，两臂在体侧平举。

3 左脚在右脚前方点地，右臂平屈于胸前，左臂侧后举。

4 左腿后摆点地，左臂平屈位于胸前，右臂后下举。

5 180°转体成左弓步，右手握拳向前伸出，左臂握拳放于腰间。

6 右腿向前弹踢腿，左拳前冲，右臂收回，右拳抱腰。

7 右脚退步。

8 左脚退步，两腿交叉屈膝，左臂经内向外绕环至下举。

2. 第二个八拍

1～2 向左恰恰步，右臂平屈放在胸前，左臂侧后举。

3～4 动作同 1～2,方向相反。

5～6 左脚向左迈步成左弓步,两臂经上举至体侧平举。

7～8 左脚收回,右手敬礼。

3. 第三个八拍

1～2 吸右腿,两臂屈肘放在胸前。

3～4 向左转身吸左腿,两臂侧平举。

5～6 右脚向前迈步,右臂体前上屈,拳朝上。

7 左腿向前上方踢,两臂落于体侧。

8 左腿收回,两脚开立。

4. 第四个八拍

1～2 右臂经体侧上举,开掌。

3～4 右臂下举。

5～6 上体左转,右手向左击掌。

7～8 右手握拳,左臂侧下举。

(四)组合四(4×8 拍)

1. 第一个八拍

1～2 左脚向左平转一周。

3～4 右脚侧点地,向左转体 90°,右臂平屈于胸前。

5～6 面向左侧,左腿微屈膝,右脚向后平伸,左臂向前平举,右臂后举,保持俯身平衡姿势。

7～8 右腿收回屈膝,右脚点地,两臂落在体前。

2. 第二个八拍

1～2 右手上举,右脚向右一步,左脚向右脚并拢,同时身体转动 180°,两腿屈膝,左脚点地,两臂由右到左依次绕成下举。

3 1 位手型,左腿迈向斜前方。

4～6 小猫跳,手臂经 1 位手至 3 位手。

7～8 右膝跪地，两臂经上向后绕到体前，手指着地，上体经抬头挺胸至低头含胸。

3. 第三个八拍

1～2 右膝跪地，左脚侧点地，左臂向上举，右臂在体侧平举。
3～4 左腿收回跪地，身体前屈，两肘弯曲撑地，低头。
5～6 身体向左翻转 180°，两腿依次打开，两手向左依次撑地。
7～8 左腿屈膝，左臀坐地，右腿屈膝点地，左臂屈肘撑地，右臂伸直置于右膝上。

4. 第四个八拍

1～2 右腿向左侧踢腿，左臂屈肘撑地，右臂在体前用手掌撑地。
3～4 直腿坐，双手在身体两侧稍偏后撑地。
5～6 身体向后转成左弓步，右臂伸直用手撑地。
7～8 还原为基本站立姿势。

（五）组合五（4×8 拍）

1. 第一个八拍

1～2 右脚向右一步，两腿屈膝，双手握拳，双臂平屈于胸前，屈肘 2 次。
3 手掌平伸，左脚向左一步。
4 两臂高举在头顶击掌。
5 右脚向左前一步与左腿交叉。
6 转体一周。
7 右腿向右成右弓步，右臂侧平举。
8 右臂收回在肩上侧屈。

2. 第二个八拍

1～2 左脚向右漫步，右臂屈肘置于头后，左臂在腹前屈肘。
3 左脚退步，右脚向后踢，双臂平屈位于胸前。

4 右脚落地，左脚向后踢，双臂向外绕到体侧。
5 左脚向前迈步，两臂在体侧平举。
6 右脚向左脚并拢，两腿屈膝，手臂体前交叉。
7～8 屈腿跳，左臂在左侧平举，右臂向上举。

3. 第三个八拍

1～2 左腿向左迈步，两腿屈膝，双臂屈肘位于胸前，屈肘 2 次。
3 右脚向右迈步，同时身体转 180°，两臂落于体侧。
4 左脚向右脚并拢，脚尖点，两臂胸前平屈交叉。
5～6 两脚交替滚动步(右脚开始)。
7～8 左脚向前迈步，双手侧下举。

4. 第四个八拍

1～3 右脚向右后方退 3 步，右臂上举经体前绕至体侧。
4 左脚向右脚并拢，脚尖点地。
5 左腿向左迈步，身体左转，左臂在体前压掌。
6 左臂绕到体侧。
7 右臂向上举。
8 两腿屈膝，右腿向前，左腿向左，左臂落在体侧，右臂平屈于胸前。

(六)组合六(4×8 拍)

1. 第一个八拍

1 左脚向左迈步，左臂向上举。
2 右脚并向左脚，左手侧下举打响指。
3 同 1。
4 同 2。
5～6 向左前吸右腿。
7 右脚退步。
左脚退步。
8 右脚向前成右弓步。

2. 第二个八拍

1 左脚向前迈步，右脚向左脚并拢，脚尖点地，双臂体侧上屈，手指触肩。

2 动作同 1，方向相反。

3 左脚向前迈步，右脚向左脚并拢，脚尖点地，两臂经上举至前举，手心向前。

4 右脚向前迈步，左脚向右脚并拢，脚尖点地，两臂落于体侧。

5～8 向左小马跳转体一周，左臂和右臂分别侧下举和侧上举。

3. 第三个八拍

1～2 左脚向左迈步，双臂从侧平举经体前交叉向上高举。

3～4 左脚向右后方退步，双手胸前平屈交叉，头向右偏。

5～6 右腿向右迈步，双臂从侧平举经上绕至体前交叉。

7～8 右脚向左后方退步，左臂侧平举，右臂上举。

4. 第四个八拍

1 右腿收回，两臂屈肘握拳交叉于胸前。

2 吸左腿，两臂侧下举。

3～4 动作同 1～2，方向相反。

5 两腿成交叉步（右腿在前），两臂在体侧平举。

6 向左转体一周，两臂落在体侧。

7～8 两脚起跳，落地后开立，向右顶髋，右手叉腰，左臂上举。

二、《全国健美操大众锻炼标准》三级套路学练

（一）一级套路学练

1. 组合一

(1)第一个八拍

预备姿势：站立。

1～8 拍

下肢步伐:右脚开始一字步 2 次。

上肢动作:1～2 双臂胸前屈,3～4 后摆,5 胸前屈,6 上举,7 胸前屈,8 放于体侧。

(2)第二个八拍

1～4 拍

下肢步伐:右脚开始向前走 3 步吸腿。

上肢动作:1～3 双肩经前举后摆至肩侧屈,4 击掌。

5～8 拍

下肢步伐:左脚开始向后退 3 步吸腿。

上肢动作:手臂同 1～4。

(3)第三个八拍

1～4 拍

下肢步伐:右脚开始侧并步 2 次。

上肢动作:1 右臂肩侧屈,2 还原,3 左臂肩侧屈,4 还原。

5～8 拍

下肢步伐:右脚开始连续侧并步 2 次。

上肢动作:5 双臂胸前平屈,6 还原,7～8 同 5～6 动作。

(4)第四个八拍

1～4 拍

下肢步伐:左脚十字步。

上肢动作:自然摆动。

5～8 拍

下肢步伐:左脚开始踏步 4 次。

上肢动作:5 击掌,6 还原,7～8 同 5～6 动作。

第五至八个八拍,动作相同,但方向相反。

2. 组合二

(1)第一个八拍

1～8 拍

下肢步伐:右脚开始前点地 4 次。

上肢动作:1 双臂屈臂右摆,2 还原,3 左摆,4 还原,5 右臂摆至侧上举，左臂胸前平屈，6 还原，7～8 同 5～6 动作，但方向相反。

(2)第二个八拍

1～4 拍

下肢步伐：右脚开始向右弧形走 270°。

上肢动作：自然摆动。

5～8 拍

下肢步伐：并腿半蹲 2 次。

上肢动作：5 双臂前举，6 右臂胸前平屈（上体右转），7 双臂前举，8 放于体侧。

(3)第三个八拍

1～8 拍

下肢步伐：1～4 左脚上步吸腿右转转体 90°，5～8 右脚上步吸腿。

上肢动作：1 双臂前举，2 屈臂后拉，3 前举，4 还原，5～8 同 1～4 动作。

(4)第四个八拍

1～8 拍

下肢步伐：左脚开始向侧迈步后屈腿 4 次。

上肢动作：屈肘前后摆动。

3. 组合三

(1)第一个八拍

1～4 拍

下肢步伐：右脚向右交叉步。

上肢动作：1～3 双臂经侧至上举，4 胸前平屈。

5～8 拍

下肢步伐：左脚向右迈步成分腿半蹲。

上肢动作：5～6 双臂前举，7～8 放于体侧。

(2)第二个八拍

1～4 拍

下肢步伐：右脚开始侧点地 2 次。

上肢动作：1 右臂左前举、左臂屈肘于腰间，2 双臂屈肘于腰间，3～4 同 1～2 动作，但方向相反。

5～8 拍

下肢步伐:右脚连续 2 次侧点地。

上肢动作:5～8 同 1～2 动作,重复 2 次。

(3)第三个八拍

1～8 拍

下肢步伐:左脚开始向前走 3 步接吸腿 3 次。

上肢动作:1 双臂肩侧屈外展,2 胸前交叉,3 同 1 动作,4 击掌,5 肩侧屈外展,6 腿下击掌,7～8 同 3～4 动作。

(4)第四个八拍

1～8 拍

下肢步伐:右脚开始向后走 3 步接吸腿 3 次。

上肢动作:同第三个八拍。

第五至八个八拍,动作相同,但方向相反。

4. 组合四

(1)第一个八拍

1～8 拍

下肢步伐:1～4 右腿开始 V 字步,5～8A 字步。

上肢动作:1 右臂侧上举,2 双臂侧上举,3～4 击掌 3 次,5 右臂侧下举,6 双臂侧下举,7～8 击掌 2 次。

(2)第二个八拍

1～4 拍

下肢步伐:右腿开始弹踢腿跳 2 次。

上肢动作:1 双臂前举,2 下摆,3～4 同 1～2 动作。

5～8 拍

下肢步伐:右脚连续弹踢 2 次。

上肢动作:5 双臂前举,6 胸前平屈,7 同 5 动作,8 还原体侧。

(3)第三个八拍

1～8 拍

下肢步伐:左腿漫步 2 次。

上肢动作:双臂自然摆动。

(4)第四个八拍

1～8 拍

下肢步伐:左腿开始迈步后点地 4 次。

上肢动作:1～2 右臂经肩侧屈至左下举,3～4 同 1～2 动作,但方向相反,5～6 经侧下举至左下举,7～8 同 5～6 动作,但方向相反。

第五至八个八拍,动作相同,但方向相反。

(二)二级套路学练

1. 组合一

(1)第一个八拍

预备姿势:站立。

1～4 拍

下肢步伐:右脚十字步。

上肢动作:1 右臂侧举,2 左臂侧举,3 双臂上举,4 下举。

5～8 拍

下肢步伐:向后走四步。

上肢动作:屈臂自然摆动,7～8 同 5～6 动作。

(2)第二个八拍

动作同第一个八拍,但向前走 4 步。

(3)第三个八拍

1～6 拍

下肢步伐:右脚开始 6 拍漫步。

上肢动作:1～2 右手前举,3 双手叉腰,4～5 左手前举,6 双手胸前交叉。

7～8 拍

下肢步伐:右脚向后 1/2 漫步。

上肢动作:双臂侧后下举。

(4)第四个八拍

1～2 拍

下肢步伐:右脚向右并步跳。

上肢动作:屈右臂自然摆动。

3～8 拍

下肢步伐:左脚向右前方做前、侧、后 6 拍漫步。

上肢动作:3～4 前平举弹动 2 次,5～6 侧平举,7～8 后斜下举。

第五至八个八拍,动作相同,但方向相反。

2. 组合二

(1)第一个八拍

1～2 拍

下肢步伐:右脚向右侧滑步。

上肢动作:右臂侧上举,左臂侧平举。

3～4 拍

下肢步伐:1/2 后漫步。

上肢动作:双臂屈臂后摆。

5～6 拍

下肢步伐:左脚向前方做并步。

上肢动作:击掌 3 次。

7～8 拍

下肢步伐:右脚向右后做并步。

上肢动作:双手叉腰。

(2)第二个八拍

1～2 拍

下肢步伐:左脚向左后方并步。

上肢动作:击掌 3 次。

3～4 拍

下肢步伐:右脚向右后做并步。

上肢动作:双手叉腰。

5～6 拍

下肢步伐:左脚向前左侧滑步。

上肢动作:左臂侧上举。

7～8 拍

下肢步伐:1/2 后漫步。

上肢动作:双臂屈臂后摆。

(3)第三个八拍

1～4 拍

下肢步伐:右转 90°,右脚上步吸腿 2 次。

上肢动作:双臂向前冲拳、向后下冲拳 2 次。

5～8 拍

下肢步伐:左脚 V 字步左转 90°。

上肢动作:双臂由右向左水平摆动。

(4)第四个八拍

1～4 拍

下肢步伐:左腿吸腿(侧点地)2 次。

上肢动作:1 双臂胸前平屈,2 左臂上举,3 同 1 动作,4 还原。

5～8 拍

5～8 同 1～4 动作,但方向相反。

第五至八个八拍,动作相同,但方向相反。

3. 组合三

(1)第一个八拍

1～4 拍

下肢步伐:右脚侧并步跳,4 拍时右转 90°。

上肢动作:双臂上举,下拉。

5～8 拍

下肢步伐:左脚侧交叉步。

上肢动作:双臂屈臂前后摆动,8 拍时,上体向左扭转 90°,朝正前方,双臂侧下举。

(2)第二个八拍

1～4 拍

下肢步伐:向右侧并跳步,4 拍时左转 90°。

上肢动作:双臂上举、下拉。

5～8 拍

下肢步伐:左脚开始侧并步 2 次。

上肢动作:5～6 右臂前下举,7～8 左臂前下举。

(3)第三个八拍

1～4 拍

下肢步伐:左脚向前一字步。

上肢动作:1 双臂肩上屈,2 两臂下举,3～4 双臂肩前屈。

5～8 拍

下肢步伐:左、右依次分并腿。

上肢动作:5～6 双臂上举,掌心朝前,7～8 双手放膝上。

(4)第四个八拍

1～4 拍

下肢步伐:左脚向后一字步。

上肢动作:1～2 手侧下举,3～4 胸前交叉。

5～8 拍

下肢步伐:左、右依次分并腿 2 次。

上肢动作:双臂经胸前交叉侧上举 1 次,侧下举 1 次。

第五至八个八拍,动作相同,但方向相反。

4. 组合四

(1)第一个八拍

1～8 拍

下肢步伐:右脚开始小马跳 4 次,向侧向前呈梯形。

上肢动作:1～2 右臂体侧向内绕环,3～4 换左臂,5～8 同 1～4 动作。

(2)第二个八拍

1～4 拍

下肢步伐:右脚开始弧形跑 4 步,右转 270°。

上肢动作:屈臂自然摆动。

5～8 拍

下肢步伐:开合跳 1 次。

上肢动作:5～6 双手放腿上,7 击掌,8 放于体侧。

(3)第三个八拍

1～4 拍

下肢步伐:右脚向右前上步后屈腿。

上肢动作:1 双臂胸前交叉,2 右臂侧举、左臂上举,3 同 1 动作,4 双手叉腰。

5～8 拍

下肢步伐:右转 90°,左脚向前上步后屈腿。

上肢动作:动作同 1～4,但方向相反。

(4)第四个八拍

1～4 拍

下肢步伐:右、左侧点地各一次。

上肢动作:1 右手左前下举,2 双手叉腰,3～4 动作相同,但方向相反。

5～8 拍

下肢步伐:右脚上步向前转脚跟,还原。

上肢动作:5 双臂胸前平屈,6 前推,7 同 5,8 放于体侧。

第五至八个八拍,动作相同,但方向相反。

(三)三级套路学练

1. 组合一

(1)第一个八拍

预备姿势:站立。

1～4 拍

下肢步伐:右脚开始向侧迈步后屈腿 2 次,2 时右转 90°。

上肢动作:1～2 右臂摆至侧上举,左臂摆至胸前平屈,3～4 同1～2,但方向相反。

5～8 拍

下肢步伐:向右迈步后屈腿 2 次,6 时右转 180°。

上肢动作:双手叉腰。

(2)第二个八拍

1～2 拍

下肢步伐:1/2V 字步。

上肢动作:1 右臂侧上举,2 左臂侧上举。

3～8 拍

下肢步伐:6 拍漫步,8 右转 90°。

上肢动作:随脚的动作自然前后摆动。

(3)第三个八拍

1～8 拍

下肢步伐:右脚开始交叉步 2 次,左转 90°呈 L 形。

上肢动作:1 双臂前举,2 胸前平屈,3 同 1,4 击掌,5～8 同 1～4。

(4)第四个八拍

1～4 拍

下肢步伐:右脚侧并步跳,1/2 后漫步。

上肢动作:1～2 双臂侧上举,3～4 右臂摆至体后,左臂摆至体前。

5～8 拍

下肢步伐:左转 90°左脚开始小马跳 2 次。

上肢动作:5～6 右臂上举,7～8 左臂上举。

第五至八个八拍,动作相同,但方向相反。

2. 组合二

(1)第一个八拍

1～4 拍

下肢步伐:左脚向右前上步吸腿 2 次。

上肢动作:双臂自然摆动。

5～6 拍

下肢步伐:左脚向后交换步。

上肢动作:双臂随下肢动作自然摆动。

7～8 拍

下肢步伐:右脚上步吸腿。

上肢动作:双臂自然摆动。

(2)第二个八拍

1～4 拍

下肢步伐:左脚开始向左侧交叉步。

上肢动作:双臂随步伐向反方向臂屈伸。

5～8 拍

下肢步伐:右转 45°。

上肢动作:5～6 双臂肩侧屈外展。7～8 经体前交叉摆至侧下举。

(3)第三个八拍

1～4 拍

下肢步伐:左脚开始十字步,同时左转 90°。

上肢动作:双臂自然摆动。

5～8 拍

下肢步伐:左脚开始向侧并步跳 2 次。

上肢动作:双臂自然摆动。

(4)第四个八拍

1～8 拍

下肢步伐:左脚漫步 2 次,右转 90°。

上肢动作:双臂自然摆动。

第五至八个八拍,动作相同,但方向相反。

3. 组合三

(1)第一个八拍

1～6 拍

下肢步伐:左脚开始做侧点地 3 次。

上肢动作:1～2 右臂向下臂屈伸,3～4 左臂向下臂屈伸,5～6 同 1～2 动作。

7～8 拍

下肢步伐:左脚开始向前走两步。

上肢动作:击掌 2 次。

(2)第二个八拍

1～4 拍

下肢步伐:左脚开始吸腿跳 2 次。

上肢动作:1 侧上举,2 双臂胸前平屈,3 同 1,4 叉腰。

5～8 拍

下肢步伐:吸右腿跳,向后落地,转体 180°,吸左腿。

上肢动作:双手叉腰。

(3)第三个八拍

1～4 拍

下肢步伐：左脚开始向前走三步吸腿跳，同时左转体 180°。

上肢动作：1～3 叉腰，4 击掌。

5～8 拍

下肢步伐：右脚开始向前走 3 步吸腿。

上肢动作：5～6 手臂同时经前向下摆，7～8 经肩侧屈外展体至体前击掌。

(4)第四个八拍

1～8 拍

下肢步伐：左脚开始侧并步 4 次，成 L 形。

上肢动作：双臂做屈臂提拉 4 次。

第五至八个八拍，动作相同，但方向相反。

4. 组合四

(1)第一个八拍

1～4 拍

下肢步伐：右腿上步吸腿。

上肢动作：双臂做向前冲拳、后拉 2 次。

5～8 拍

下肢步伐：左脚向前走 3 步吸腿。

上肢动作：手臂同时经前向下摆，8 击掌。

(2)第二个八拍

1～4 拍

下肢步伐：1 右脚向侧迈步，2～3 向右前 1/2 前漫步，4 左脚向侧迈步。

上肢动作：1 侧上举，2～3 随脚的动作自然摆动，4 同 1 动作。

5～8 拍

下肢步伐：右脚向左前方做漫步。

上肢动作：双臂自然摆动。

(3)第三个八拍

1～6 拍

下肢步伐：右脚开始上步吸腿 3 次。

上肢动作：1 肩侧屈外展，2 击掌，3～6 同 1～2 动作。

7～8 拍

下肢步伐:左脚前 1/2 漫步。

上肢动作:双臂自然摆动。

(4)第四个八拍

1～8 拍

下肢步伐:左转 90°向左做侧交叉步,转体 180°接侧交叉步。

上肢动作:1～4 双臂做外展、内收、外展、击掌,5～8 同 1～4 动作。

第五至八个八拍,动作相同,但方向相反。

三、健身健美操套路练习方法

(一)分解练习

在健美操套路训练中,先进行分解动作练习,要求保持正确的身体姿态而准确完成每个分解动作,熟悉每个分解动作的动作方法,动作要娴熟、流畅,没有明显停顿。在分解练习中,反复练习不熟练或有难度的基本动作或组合动作,直至完全熟练,能够准确、流畅地完成。从而为表演健美操成套动作打好基础。

(二)完整练习

完整动作练习就是在音乐伴奏下完整练习一整套操,生动地展现成套动作,在练习过程中注意肢体动作的弹动,要有意识地控制动作,将音乐与动作完全融合,提高表现力,完美呈现不同力度、幅度和速度的动作以及优美的造型与姿态。

(三)合作练习

将健美操成套动作熟练掌握后,练习者可以与同伴自由组合进行小组合作练习,在合作中共同商讨对新队形、新动作的创新设计,思考能够将哪些新元素融入成套动作中,小组成员相互交流,积极参与讨论,发挥思维力和想象力，并共同解决练习难题，这有助于培养练习者的合作能力、思考能力和交往能力，也能强化练习者分析和解决问题的能力。

在小组合作探究练习结束后，教师要引导各小组相互点评，从而更好地提升练习的积极性和表演的自信心。健美操的合作练习是最常见、最有效的方法，因为没有团队的合作，健美操的运动特点就无法体现，哪怕单独练习时技术再灵活、再熟练，最终还是需要在团队配合中体现出来。

（四）穿插练习

成套动作的练习一般都是按照完整的内容进行的，但是有时候不同的组别的动作会有很大的相似性，如健美操练习 A 和练习 B 其中有一部分的动作是相近的，甚至是相同的，这时候，在练习相同动作部分时，特别是一些难度动作，可以将 A 和 B 穿插进行练习，这样的练习效率会更高。

第七章　竞技健美操学练指导

竞技健美操是健美操运动中难度最大、观赏性最强的一个，因此本章将重点针对竞技健美操项目中的一些学练进行指导，包括竞技健美操概述、竞技健美操基本动作学练、竞技健美操难度动作学练、竞技健美操成套动作学练以及竞技健美操表现力学练几个部分。

第一节　竞技健美操概述

在开展竞技健美操的学练之前，要引导学生掌握相应的基础理论知识，包括它的概念、特征和分类等内容。

一、竞技健美操的概念

竞技健美操是在音乐伴奏下，以身体素质为基础，在规定时间和空间内完成一系列有强度的成套技术动作的有氧体育运动项目。①

二、竞技健美操的项目特征

真、善、美是竞技健美操运动所追求的价值与崇尚的理念，竞技健美

① 马鸿韬．竞技健美操[M]．北京：高等教育出版社，2005．

操运动的项目特征表现在以下几方面。

(一)“健”与“力”

最能体现竞技健美操项目特征的是“健”与“力”,“健”指的是竞技健美操运动员有健硕的身躯、健美的体态以及匀称的体型。“力”指的是竞技健美操运动员的体能尤其是力量素质强。

(二)“美”

竞技健美操成套动作充分展现了“美”的特征,竞技健美操的“美”是很多因素相互配合的结果,包括运动员的身体姿态、面部表情、技术水平及其动作与音乐节奏的配合等。

具体来说,竞技健美操之“美”体现在下面两个方面。

1. 成套动作的“美”

健美操成套动作具有高度的艺术性特征,艺术风格鲜明,因此动作本身就充满“美”的元素,在竞赛规则的引导下成套动作之美被展现得淋漓尽致,这说明竞技健美操创编者在编排成套动作时赋予了其艺术内涵,编排本身也具有了艺术层面的意义。

2. 动作完成的“美”

竞技健美操运动员完成具有艺术性的竞技健美操成套动作时,不管是身体姿态、动作速度、动作力度,还是动作与音乐节奏的配合,都把握得非常准确、恰到好处,成套动作的整个完成过程非常优美。

竞技健美操成套动作的“美”侧重于艺术层面的美,动作完成的“美”侧重于技术层面的美,因此说竞技健美操的“美”是“艺术美”与“技术美”的结合,竞技健美操运动员只有同时提高自己的艺术水平和技术质量,才能在比赛中增加获胜的概率。

(三)“难”

竞技健美操中难度比较大的动作有过渡动作和托举动作两大类。

虽然动作难度大，但是还希望运动员在完成这些动作时，体现出竞技健美操的美感，以及动作完成的流畅感，这是观众和裁判都很期待的结果，所以运动员要不断提高自己的技术水平和表现力，准确而优美地完成难度动作，这样才不会辜负观众的审美期待。

具体来说，成套动作的“难”主要体现在以下三个方面。

1. 动作设计“难”

竞技健美操创编者要根据竞赛规则来设计与编排成套动作，要在规则范围内科学设计并不断创造新的难度动作，从而达到观众的审美期待，适应竞技健美操竞争越来越激烈的发展趋势。创编者应该从运动员的基本素质与专项能力出发设计难度动作。在集体项目的难度动作编排中，要对运动员之间的个体差异予以考虑，根据不同运动员的运动水平和身体素质来安排特殊的、难度较大的表演性动作，这样能够相对体现出比赛设置的公平性和观赏性，相似水平的运动员相互协同配合，能够高质量地完成既有艺术性又有技术性的成套动作。

2. 动作完成“难”

完成有难度的成套动作，需要竞技健美操教练员与运动员之间做好沟通工作，难度动作的完整质量由运动员的表现决定，但运动员的表现又与教练员的培养直接相关，因此教练员与运动员双方对竞技健美操成套动作的理解以及教与学的水平都决定了难度动作的完成质量。而且，竞赛规则还要求运动员在完成成套动作的过程中处理好基础动作与难度动作的连接关系，也就是要完成好过渡动作，使基础动作与难度动作的连接更自然、流畅，这样才能使成套动作整体看起来更有艺术魅力和审美价值。

3. 动作创新“难”

竞技健美操运动是难美项群运动项目，这类体育运动要想持续发展，必然离不开创新，只有不断创造新的动作或对已有动作进行创新性的改变与调整，才能为项目本身的发展注入新鲜的血液，使项目发展更有生命力，体现出勃勃生机。但是，创新不是轻而易举的事，要在竞争激烈的竞技健美操比赛中出类拔萃，必须让整个队伍的智慧与特色风格发挥出来，创新不仅是针对难度动作，还要针对整个成套动作的编排进行创新，在编排中融入新鲜的元素，彰显成套动作的独特艺术风格。

（四）“新”

竞技健美操的“新”指的是创新，主要从下面两个方面体现出来。

1. 动作编排之新

健美操成套动作的艺术观赏价值是由编排风格所决定的，在编排中要创新性地整合丰富的美学元素，并将其融入动作中，从而使成套动作别具一格。

2. 协作配合之新

集体项目的完整质量直接受团队配合的影响，因此在集体项目动作编排与完成中要合理变化队形，给观众带来新的视觉体验。

三、竞技健美操的分类

竞技健美操的分类主要是围绕着竞赛的规模种类等基本属性进行分类的，一般可分为以下三种。

（一）按比赛规模分类

按照比赛规模，竞技健美操比赛主要有下面两种类型。

1. 国际比赛

目前，健美操世界锦标赛、国际健美操冠军赛、健美操世界杯赛都是国际上规模较大的竞技健美操比赛。

2. 国内比赛

全国健美操锦标赛、精英赛、冠军赛、全国大学生健美操锦标赛、全国职工健美操大赛等是目前我国规模较大的竞技性健美操比赛。

(二)按比赛项目分类

竞技健美操比赛共有下列 5 个传统项目。

(1)男子单人操。

(2)女子单人操。

(3)混合双人操。

(4)3 人操。

(5)5 人操。

(三)按参赛者年龄分类

和大多数操类运动项目一样,健美操竞赛也会按照参赛者的年龄来划分比赛级别,最常见的是成年组和少年组两个级别。

第二节 竞技健美操基本动作学练

竞技健美操是在健身健美操的基础上发展起来的,因此和健身健美操基本上有许多相似之处,只不过难度更大,技术动作更为复杂,需要练习者具有相当扎实的基本功才能正式开始练习,因此对练习者的身体条件和心理条件都有更高的要求。

一、基本轴控制

(一)站立控制

健美操运动员的体态要求一定要挺拔,给人英姿飒爽的感觉。因此，通过背靠墙站立练习，能够较好地矫正生活中养成的不良站姿。练习时，首先要放松身体，然后并拢双脚，使身体的背面曲线的突出部位尽量在一条直线上，当一个人的后曲线即后脑、双肩、背、臀和小腿在一条直线上的时候，整体上就会给人以自信、阳光的感觉，因此练习靠墙站立，是最简单有效的方法。

（二）纵跳控制

纵跳是练习身体协调能力和平衡能力的一种有效方式。对于健美操运动员而言，一般最常用的纵跳是原地纵跳和负重纵跳两种。

1. 原地纵跳控制

原地纵跳的重点是练习身体各个部分的协调能力，在跳跃时，主要肌群要收紧，身体保持在一条直线上，又不能过于僵硬。

2. 负重纵跳控制

在原地纵跳的基础上，可通过增加负重来加强动作的稳定性。比如，可以在腿上绑沙袋或者在腰腹间绑沙袋等。

二、身体姿态

（一）站立姿态

1. 肩部学练

人体的肩部有多个肌群，对头部、颈部、背部的运动具有重要的控制作用。在练习肩部时，最基本的就是重复进行两肩上耸和下垂的动作，一组 15 次，做 3～5 组。

2. 颈部学练

颈部练习时要目视前方，保持身体正直，不要抬头，下颌微收，肩部保持自然放松，为了更加直观地察觉自己的练习情况，可以放一个本子或者一本书在头上，练习走动，即在自如地移动中也要保持身体的平衡。

3. 臀部学练

两脚并拢，躯干直立。脚掌下压，臀部和大腿肌肉收紧，髋略上提。反复练习。

4. 腹部学练

收紧臀部，腹部用力向内收紧，向上提气，使身体上提，保持片刻，放松，反复练习。

（二）头颈姿态

1. 抬头

直立，两手叉腰。头颈后屈，还原。先慢后快，体会肌肉控制感觉。

2. 低头

直立，两手叉腰，挺胸，下颌紧贴锁骨窝，颈部伸长，还原。先慢后快，体会肌肉控制感觉。

3. 左转

直立，两手叉腰，向左转头，还原。先慢后快，体会肌肉控制感觉。

4. 右转

直立，两手叉腰，向右转头，还原。先慢后快，体会肌肉控制感觉。

5. 左侧屈

直立，两手叉腰，头向左侧屈，然后还原。

6. 右侧屈

直立，两手叉腰，头向右侧屈，然后还原。

（三）上肢姿态

以手臂姿势为例。

1. 两臂上举

两臂经前绕至上举，双臂间距同肩宽。

2. 两臂侧举

两臂经侧绕至侧举。

3. 两臂前举

两臂由下举向前绕至前举，两臂间距同肩宽。

4. 两臂后举

两臂经前向后绕至后下举，手臂尽量向后伸，臂距同肩宽。

5. 两臂前上举

两臂经前绕至与前举与上举夹角为 45°的位置或前侧上举。

6. 两臂前下举

两臂经前绕至与前举与下举夹角为 45°的位置或前侧下举。

7. 两臂胸前平屈

两臂屈肘至胸前，小臂距胸约 10 厘米。手臂与地面平行，前臂平行于额状轴。

8. 双臂侧举屈肘

双臂侧举同时屈肘，使前臂和上臂垂直。

(四)躯干姿态

1. 躯干稳定性

(1)负重仰卧起坐

仰卧，两手持实心球置于胸前，球接近下颌，完成仰卧起坐。可根据个人肌力水平选择不同重量的实心球，可逐步增加实心球重量。

(2)健身球俯卧撑

俯卧、两手撑地支撑身体，两脚背放在健身球上，含胸收腹，完成俯卧撑。可根据个人肌力水平调整两臂和健身球的距离，可逐步增加距离。

2. 躯干灵活性

先做肩关节运动，如左右依次提肩、同时提两肩，左右依次前后绕肩和同时绕双肩等，然后做髋关节运动，如顶髋，绕髋等。最后做躯干前后左右移动练习。

三、身体弹动

(一)踏步

1. 直立踏步

上体直立，脚踏下时从脚尖过渡到全脚掌，支撑腿落地时膝关节伸直，手臂屈肘在体侧前后摆动。

2. 弹动踏步

听音乐踏步，手臂有节奏地前后摆动。摆动腿屈膝抬起时，支撑腿膝关节稍屈膝，摆动腿落地时，支撑腿膝关节伸直。

（二）蹬、伸

1. 基本蹬伸

一脚踏在踏板上，用力快速向上蹬直，保持身体垂直轴的控制，两腿交替练习。

2. 负重蹬伸

在小腿上绑沙包蹬伸，使身体在负荷状态下完成练习。两腿交替进行，反复练习。

3. 负重提踵

单脚或双脚站在踏板上，在踝关节上绑沙包做提踵练习，注意借助踝的力量上提。

4. 原地髋、膝关节弹动性

两脚并拢，脚随音乐节奏抬起落下，膝关节随音乐屈伸，脚跟始终不离地，两臂屈肘在体侧前后摆动。

（三）踢、跳

1. 弹踢

一条支撑腿膝踝关节弹动的同时，另一条腿有控制地弹踢小腿，膝踝关节有控制地伸展。可单腿不间断地弹踢，也可两条腿交替练习。

2. 弹动纵跳

弹动纵跳动作共 4 拍。

1～2 拍，原地屈膝弹动，手臂前后摆动。

3 拍，向上纵跳，手臂上摆至上举。

4 拍，落地缓冲，手臂下摆至体侧。

3. 原地连续小纵跳

两脚并拢，足跟随音乐起落，足尖不离地，两臂屈肘前后自然摆动，做踝关节屈伸练习。

4. 负重连续纵跳

在脚踝关节上绑上沙包，半蹲，手臂后摆，足蹬伸时向上纵跳，手臂顺势上摆，落地后屈膝缓冲紧接着继续纵跳，反复练习。

5. 开合跳

先做两腿开立的弹动训练，再做两腿并拢的弹动训练，最后做一开一合的连续开合跳练习。

第三节　竞技健美操难度动作学练

竞技健美操中包含一些难度较高的动作，这是为了竞技比赛的需要而设置的。而其中的难度动作也是健美操最具观赏性的部分，在学练过程中也是学生最难掌握的部分，本节将选择其中的几个重点进行讲解。

一、竞技健美操难度动作控制性训练

(一)身体轴面的控制

健美操运动中一个比较有特点的动作,也是较难的动作之一,就是对身体轴面的控制。当身体跳跃转体时,运动员能够保持准确的动作执行,以及优美的身体形态的同时,身体绕纵轴进行转动,这就意味着运动员要具有非常强的身体控制能力,尤其是要有完美的核心力量。运动员在转动过程中,头、肩、髋要同时进行一定角度的转动,每个关节转动的角度不同,以保持身体的平衡。当转动动作结束后,运动员以脚支撑,可以是单脚也可以是双脚。

其中转体的基本动作要求有:躯干伸展,收腹,两腿夹紧,以肩带动手臂,手臂摆动以带动身体转动等。

(二)平衡的控制

对于健美操运动员而言,掌握足够强大的平衡控制能力是发展健美操技能的根本前提。尤其是在竞技健美操动作中,有许多动作都需要运动员的平衡能力来控制身体的稳定性。人体的稳定性主要是指平衡由重力以及运动所产生的力的综合作用,以保证身体的稳定,以及技术动作不受干扰和变形。因此,在竞技健美操中,平衡的控制非常重要。

1. 降低重心

通过重心越低,可以有效地提升身体的稳定性,从而更易于控制平衡。

2. 加大支撑面积

一般而言,当运动物体与地面的支撑面积越大,其稳定性越强。因此,在竞技健美操运动中,利用四肢加大支撑面积来增加身体的平衡感。

3. 重心偏离的稳定

人体自身有一个非常智能的“配重”系统，一旦重心偏离，与此同时，机体就会通过肢体的伸缩来快速调节重心，重新找到稳定点，形成新的重心位置，即一个更好控制的重心位置。在调节重心重新找到平衡时，有时可以利用肌肉的发力方式和发力大小来实现控制平衡的目的。

（三）身体腾空前发力的控制

竞技健美操中，运动员要做许多跳跃类的动作，在做这一类运动时，如果能够准确把握腾空前的发力技术，能够稳定地控制身体的平衡和稳定，就基本上能够控制落地时的身体形态，一般来说，身体腾空前的发力，主要分为缓冲阶段和蹬伸两个阶段。

做动作时要注意控制关节的收缩，和肌肉的收缩，以保证身体的稳定性，并减少对关节的冲击力。

（四）难度动作空中身体姿态的控制

在竞技健美操中，有许多的跳跃动作和腾空动作，当身体处于空中，没有着力点时要准确地控制身体的姿态，一方面要保证动作的准确性，另一方面还要兼顾身体姿态的美感。

竞技健美操的动作具有丰富的内容，要想一一掌握需要大量的练习实践，才能慢慢体会，但是简单来说，无非是身体动作要干净利落，该伸直伸直，该弯曲弯曲。同时，身体要保持自然挺拔，四肢的位置要随着躯干而形成一条纵线。

（五）缓冲落地的控制

运动员腾空之后在空中有瞬间的停留，随后就要为落地做准备，落地动作要尽可能地稳定，其中最重要的因素就是做好缓冲动作。为了弱化落地时对人体，尤其是对关节的冲击力，预防运动损伤，因此缓冲非常重要。

当然,为了保证落地的稳定性,强健的肌肉也起到不可忽视的作用,只有肌肉非常有力才能更好地控制身体的动作。在进行高难度动作训练中,不仅要克服落地时的垂直速度及水平速度,同时身体由于之前的转动也会产生一定的惯性,这些都需要在落地时加以克服才能保障动作的正确和稳健。

二、竞技健美操不同组别难度动作学练

不同组别难度动作的训练内容见表7-1。

表7-1 竞技健美操不同组别难度动作的训练内容

组别		内容
俯卧撑、倒地、旋腿与分切	俯卧撑	后倒俯卧撑
		侧倒俯卧撑
		单臂俯卧撑
		单臂侧倒俯卧撑
		俯卧撑飞起
		俯卧撑转体一周成俯卧撑
		俯卧撑推起空中转体一周成俯卧撑等
	倒地	前倒成俯卧撑
		前倒成单臂俯卧撑
		转体半周成俯卧撑
		转体一周成俯卧撑
		空中转体一周成俯卧撑
		空中转体两周成俯卧撑
		团身跳成俯卧撑
		前摆转体半周成俯卧撑
		俯平衡转体一周成俯卧撑
		前摆转体一周半成俯卧撑等

续表

组别		内容
俯卧撑、倒地、旋腿与分切	旋腿	双腿摆越半周
		单腿摆越一周
		双腿全旋
		托马斯全旋
		俯卧撑分腿摆越
		俯卧撑分腿摆越成直角支撑
		俯卧撑分腿摆越转体半周成俯卧撑等
	分切	分切成直角支撑
		分切成高直角支撑
		分切成分腿高直角支撑
		分切转体 180°成俯撑等
支撑与水平		分腿支撑
		直角支撑
		直角支撑转体 360°
		单臂分腿支撑转体半周
		单臂分腿支撑转体一周
		高锐角支撑
		锐角支撑
		分腿锐角支撑
		单臂分腿支撑
		单臂分腿锐角支撑
		水平肘撑
		水平支撑
		单臂分腿水平肘撑
		单臂分腿水平肘撑转体半周
		单臂分腿水平肘撑转体一周等

续表

组别	内容
跳跃类	屈体跳
	屈体跳成俯卧撑
	屈体跳转半周成俯卧撑
	分腿跳
	分腿跳转体半周
	分腿跳转体一周
	分腿跳转体一周半
	分腿跳转体半周成俯卧撑
	分腿跳转体一周成俯卧撑
	分腿跳成纵叉
	分腿跳转体 180°成纵叉
	劈叉跳
	跨跳等
平衡与柔韧	依柳辛
	垂直劈叉
	无支撑依柳辛
	无支撑垂直劈腿
	纵劈叉
	横卧劈叉
	纵劈叉滚动
	劈叉转体
	横劈腿成俯卧
	分腿坐肩转 360°成俯撑等

（一）俯卧撑类难度动作学练

俯卧撑类难度动作训练是健美操动作训练的基础环节，它主要针对运动员的胸肌、腹肌以及上肢力量进行训练，训练方法可参考常见的俯卧撑训练法或者根据自身情况增减难度。训练中要注意由易到难逐渐增加难度和负荷。

（二）倒地类难度动作学练

倒地类动作是指运动员从跳跃、翻滚、旋转等腾空或半腾空动作落地时的技术动作练习。倒地动作可分解为以下三部分。

（1）落地控制与缓冲。倒地动作首先要做的是落地和缓冲，以最大限度地保护各个关节不受损伤的前提下，努力做到身体落地时要稳健，然后保持身体的平衡以及身体姿态的优美。

（2）双脚并拢直立前倒的练习。

（三）旋腿与分切类难度动作学练

（1）旋腿和分切类动作首先要做髋部挺身练习，注意挺胸抬头，用掌根支撑地面，髋部挺伸，脚跟着地。

（2）练习用爆发力摆腿，协调发力完成动作。

（3）进行旋腿与分切动作的完整练习。

（四）支撑与水平类难度动作学练

（1）训练上肢及腰腹、髋、腰肌的力量。训练过程中，臀部着地，并拢双腿并向上举起，胸部尽力靠向膝关节处，在极限位置保持片刻。

（2）练习简单的分腿支撑和直角支撑动作。如果水平有限，可用脚尖着地先将臀部撑起，然后再做支撑转体的练习。训练方法是先练习分腿或直角支撑左右手到重心，再由脚尖摆动带领腿转动，然后左右手到重心完成支撑转体，并在此基础上练习新难度动作。

（五）跳跃类难度动作学练

（1）在地面上练习空中姿态，再练习起跳，促进踝关节爆发力的提高，可采用原地纵跳的方法进行练习。

(2)进行空中转体练习或接各种跃起后的空中动作训练,训练中全身肌肉收紧,脊柱立直。

(3)练习从并步起跳接空中动作到落地的完整动作。

(4)练习空中动作成俯撑。可进行分阶段练习,以免受伤。

(六)平衡与柔韧类难度动作学练

平衡与柔韧类难度动作的训练,主要是针对身体各个关节的柔韧性的训练,然后从不同动作的要领出发进行针对性训练。在竞技健美操难度动作学练中,良好的身体素质是基础,因此应将身体素质的训练重视起来,同时必须掌握每组难度动作的要求和每个难度动作的技术要领,科学学练,保证学练的效果。

第四节　竞技健美操成套动作学练

掌握了竞技健美操的基本动作和难度动作之后,就可以开始成套动作的练习了。这是竞技健美操最终呈现的方式,本节重点讲解竞技健美操的成套动作学练的内容。

一、先分解后完整训练

(一)难度动作训练

先重点攻克难度动作,并逐个巩固。难度动作往往需要花费最多时间,但是一旦掌握了难度动作,在进行成套训练时就会顺利很多。

(二)操化动作训练

操化动作属于健美操中的基本动作,在训练时,还要根据学生的身体特点和气质类型选择最适合的内容，进行有针对性的学练，这样才会获得最佳的效果。因此，健美操的内容很多，不可能全部掌握所有的内容，可见，因材施教才是最佳的训练方式。

（三）难度动作与操化动作结合训练

将难度动作与8拍操化动作结合起来进行训练，即做1个8拍操化动作接1个难度动作。

二、先分节后成套训练

先将成套动作分成若干节分别进行训练，然后再进行完整的成套动作训练。通过分解技术，可以将原本比较难的成套动作一一掌握，在熟练之后，就可以再合成为一个整体，练习成套动作了。需要注意的就是在各个分解动作之间要衔接流畅。

（一）4×8小节训练

首先将成套动作分为4个8拍一小节，教练员用口令指挥运动员练习，运动员熟练完成第一个4×8拍动作后，再练习第二个4×8拍动作，依此类推，直到完成整套组合动作的练习。

（二）8×8小节训练

在运动员能够熟练完成4×8小节训练，能够完整地完成整套组合动作后，再将竞技健美操成套动作划分为8个8拍一小节进行练习，练习方法与4×8小节训练相同。

（三）16×8小节训练

当运动员熟练完成8×8小节训练，能够完整地做整套组合动作后，再将竞技健美操成套动作划分16个8拍一小节来练习，练习方法同上。

直到运动员一次性完成整套动作。①

三、模拟比赛训练

采用模拟比赛训练方法进行健美操成套动作训练时，应有意识地创建激烈的比赛环境，营造比赛气氛，发出击物声、鼓掌声、呼叫声、吹哨声等赛场上常听到的声音，或像正式比赛一样进行裁判和评分。

在竞技健美操比赛中，运动员可能会因为心理紧张而发挥不佳，因此在模拟比赛训练中应重视训练运动员的应变能力。②

第五节　竞技健美操表现力学练

竞技健美操的表现力也是在学练过程中需要专门进行训练的内容。运动员的表现力并非天然就拥有的，绝大多数人都需要后期专门的训练才能达到较好的水平，本节将针对竞技健美操的表现力学练进行详细讲解。

一、竞技健美操表现力

（一）竞技健美操表现力的概念

竞技健美操运动中，表现力是指具备一定认知力、观察力、理解力以及想象力的竞技健美操运动员运用身体形态、表情、配合动作以及运动路线，将动作和音乐的内涵转化为自己的内在情感，自信地展现出成套

① 韩新英．健美操运动理论与学练指导[M]．长春：吉林大学出版社，2018.

② 同上．

动作的艺术风格及魅力，从而吸引、感染观众与裁判的能力。①

竞技健美操运动员艺术表现力的构成如图 7-1 所示，外在表现和内在情感紧密联系，构成了完整的结构体系。

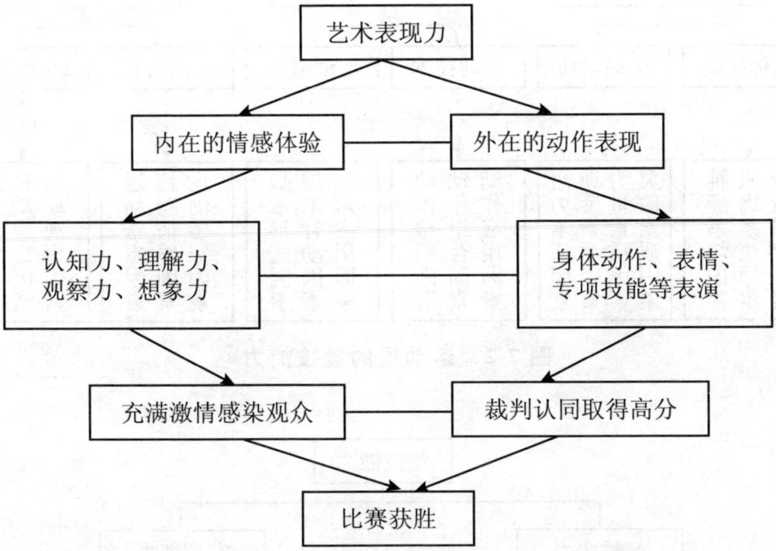

图 7-1　竞技健美操运动员艺术表现力的构成②

(二)竞技健美操表现力与运动员竞技能力的关系

运动员的竞技能力与表现力的关系是错综复杂的，具体的如图 7-2 所示。

实际上，竞技能力又可以分为运动员的真实实力水平以及临场发挥能力两个部分，然后在此基础上又明确了各自的组成因素，构成了三级竞技能力结构图，如图 7-3 所示。根据这一观点，可以从竞技实力和发挥能力两个方面构建竞技健美操运动员竞技能力结构图，竞技能力是指运动员在比赛中所表现出来的能力，健美操运动员的参赛能力在比赛过程中主要表现为竞技实力及发挥能力。

① 刘焕．竞技健美操运动员艺术表现力的研究[D]．郑州大学，2015.

② 刘雪菲．艺术表现力在竞技健美操运动中价值及其培养途径的研究[D]．吉林体育学院，2013.

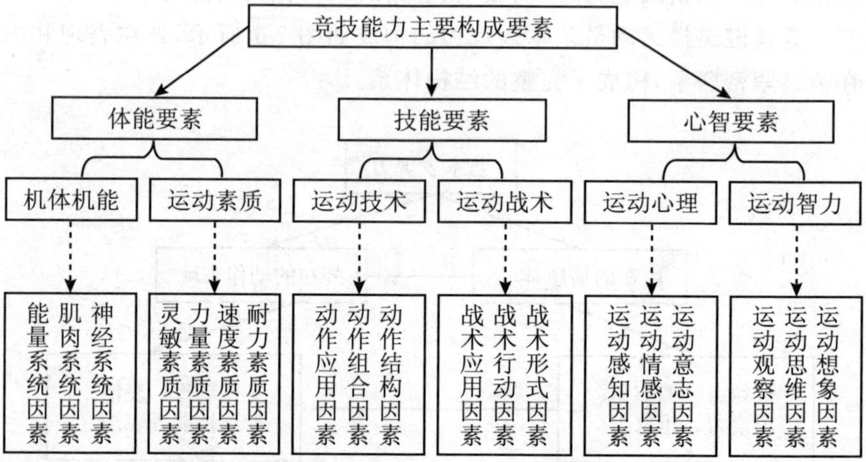

图 7-2　运动员的竞技能力①

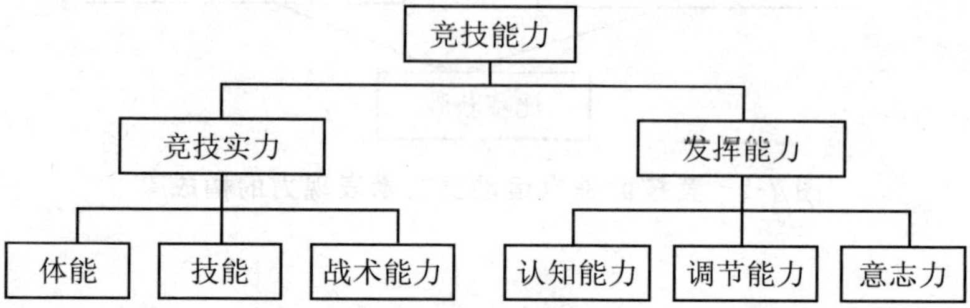

图 7-3　三级竞技能力结构图②

竞技健美操运动对参赛运动员的战术能力没有特别的要求，所以体能和技能是构成健美操运动员竞技实力的两个重要结构因素。健美操运动员在赛场上的发挥不仅体现于身体素质、技术等竞技状态上，还体现于艺术表现和自我调节能力上，其中艺术表现主要就是指运动员的艺术表现力。健美操运动员在比赛中既要保持良好的竞技状态，利用好体能优势和技能优势，又要充分发挥自己的艺术表现力，并通过自我调节与队友相互配合，从而取得优异的比赛成绩。健美操运动员竞技能力的结构如图 7-4 所示。

---

① 胡亦海．竞技运动训练理论与方法[M]．北京：人民体育出版社，2014.

② 程锡森．竞技健美操运动员表现力研究[D]．华中师范大学，2006.

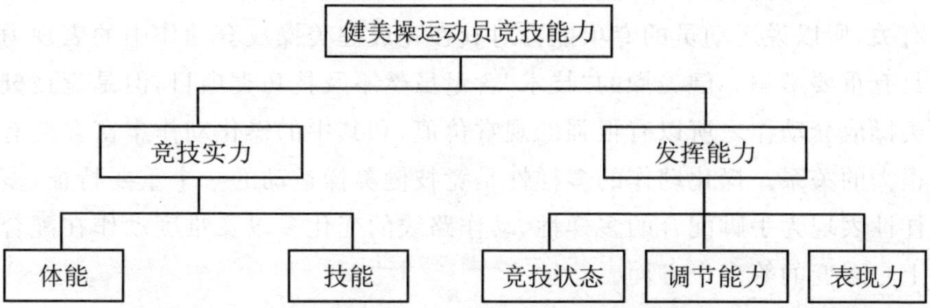

图 7-4 健美操运动员竞技能力的结构①

从图 7-4 来看，健美操运动员的竞技能力结构体系中包含表现力，表现力是竞技能力的构成因素与重要体现，运动员的表现力水平直接影响其竞技能力的发挥和比赛结果，甚至对比赛胜负有决定性影响。可见，在竞技健美操教学与训练中，表现力的培养与训练必不可少。

（三）竞技健美操表现力的影响因素

1. 形态因素

竞技健美操运动具有健、力、美等项目特征，运动员的身体形态对其健、力、美的表现都有影响，能够给人留下直观的第一印象，身体形态是否良好，直接决定了印象分的高低，进而对比赛成绩产生了很大的影响。

运动员身体形态因素对其表现力的影响非常重要，因此在健美操运动员选材与培养中，要考虑影响运动员身体形态的先天基因因素和后天身体形态的可塑性，并在竞技健美操运动员培养与训练中加强基本功训练，塑造运动员强健优美、端庄大方的身体形态，这有助于其在比赛中完成具有良好表现力的动作，增加对观众的吸引力。

2. 运动员专项能力

健美操运动员要完成高质量的健美操动作，就要懂得手臂和下肢如

① 程锡森．竞技健美操运动员表现力研究[D]．华中师范大学，2006.

何发力，如何控制动作速度与力度，这些能力都和健美操运动专项特点有关，所以说运动员的专项能力对其在完成健美操成套动作中的表现力具有重要影响。健美操的“技术”含量虽然不及技巧类项目，但是竞技健美操成套动作之所以有很强的观赏价值，和其中的操化动作丰富多变有很大的关系。操化动作的多样性是竞技健美操运动的一个重要特征，多样性表现为手脚配合的多样性、动作路线的变化多以及难度动作在配合上是多变的等多个方面。

有的观众会认为竞技健美操运动员的表现力主要就体现在他们的面部表情上，面部表情是表现力的一个方面，而运动员完成动作的过程、举手投足的肢体语言是其表现力非常重要的呈现方式，运动员只有结合健美操专项特点进行训练，才能在各个方面充分展现自己的艺术表现力，从而达到专业的动作效果。

运动员专项力量水平影响其动作弹性和姿态控制，柔韧水平影响其关节活动范围和动作的优美性，协调能力影响其动作的自然变化与衔接，只有各方面能力达到专项要求，才能表现出成套动作的动态美，才能将内在情感充分表达出来，从而征服裁判与观众。

3. 心理因素

健美操运动员的表现力还与其心理因素有关，主要表现为与气质类型和性格有关。

(1)气质

一般来说，多血质、胆汁质性格的健美操运动员的表现力更好一些，因为这两种气质类型的运动员所具备的气质特征（如兴奋性强、精力旺盛、敏捷灵活、情感丰富、容易建立条件反射、有感染力等）和竞技健美操运动对运动员表现力的专项要求（如力度感、节奏感、活泼热情、自信表达、全心投入等）的契合度非常高。

(2)性格

健美操运动员的性格也直接影响其表现力水平和比赛中表现力的发挥。性格是心理特征的重要表现，具有相对稳定性，运动员对自己所从事项目、对周围环境、对队友或对手以及对自己的态度都能够从其性格中体现出来。运动员的性格直接影响其运动行为和个人运动特征。竞技健美操运动要求运动员有乐观、稳定的情感，有坚强的意志和果断的精神，稳定、乐观、坚强、果断都是性格的重要表现。满足上述性格要求的健美操运动员在自我控制上会表现得更好一些，在比赛中表现力更强一些，具体表现为冷静分析意外事件，灵活处理问题，机智化解难题，充分表现自身特长与优势等。

4. 动作编排

竞技健美操编排在动作设计上要有艺术性，要对运动员完成动作时的艺术表现力有较高的要求，具体要求是操化动作多变，难度动作有创新，过渡动作自然流畅，成套动作连贯完整，表现主题，动作与音乐一致，队员之间默契配合，整个队伍感染力强等。在动作编排中编排者要先确定主题，然后以主题为依据对动作进行设计与选择，并按照一定的规律与关系连接各个动作，最终形成完整的具有艺术性的成套动作。健美操创编者的想象力、创造力、艺术素养等在成套动作的编排成果中有充分的体现。

5. 音乐

可以想象，没有音乐伴奏的健美操是没有灵魂的。从健美操运动的形成初期就与音乐密不可分，健美操运动经过漫长的时期发展至今，与音乐的关系越来越紧密，已然成为不可分割的整体。健美操运动的意境、情感能够从音乐中表现出来。在竞技健美操比赛中，不同队伍可能会选择同一个音乐伴奏，但是动作编排各有特色，能否将动作与音乐完美结合，将成套动作的主题充分表达出来，直接影响最终的分数。有的运动队只顾完成动作，与音乐的契合度很低，音乐更像是一个不起眼的附属品，存在感很低，发挥不出价值，这样也很难使运动员充分发挥自己的表现力。有时运动队选择的音乐不合适，与他们的成套动作主题风格不符，动作节奏跟不上音乐节奏，运动员的动作效果大打折扣。

每个音乐作品都有自己的独特性，优美的旋律、鲜明的节奏、独具特色的风格是健美操音乐的重要特点。在竞技健美操比赛中，必须选择恰当的音乐作品，而且要跟随音乐节奏的变化而变化动作，要跟着音乐的节奏律动表达激情，抒发内心情感，将动作风格展现得淋漓尽致，使音乐与动作融为一体，这样运动员的表现力就会大大提高，这方面的得分也会提高。

6. 舞蹈基础

竞技健美操运动的"美"在单一、没有任何变化的动作中是很难体现出来的,健美操运动员连贯完成成套动作的能力是其表现力的重要体现,这对运动员的舞蹈基础提出了一定的要求。健美操与舞蹈本身就关系密切,有很多共同点,如和音乐紧密联系,动作的表现具有艺术感染力,完成动作的过程中要控制好面部表情和身体姿态。对多种风格的舞蹈都比较熟悉的健美操运动员在动作表现上更有感染力,表现力更强,而舞蹈基础差,对舞蹈知之甚少的运动员很难对健美操动作的不同表现形式有深刻的体会,其在完成动作时的表现力也不尽如人意,很难吸引与感染观众。

二、竞技健美操表现力训练与提高

(一)专项技术训练

竞技健美操运动员在专项技术训练中要不断反复练习技术动作,熟练掌握各项技术并能连贯完成成套动作,最终达到运动技能发展的自动化阶段,养成良好的动作习惯,从而在比赛中高质量完成成套动作。

在竞技健美操日常训练中将专项技术训练重视起来,使运动员保持良好的竞技状态,在比赛中有稳定的发挥。日常训练也要结合音乐进行训练,将运动员置身于音乐环境中进行有节奏的训练,随着音乐的变化而调整动作节奏、力度、速度、方向及路线,将动作的技巧性与难度性展现出来,并发挥想象力进行动作创新,加入新鲜的元素,以完善成套动作,提升动作本身的艺术表现力和感染力。在训练过程中还要合理安排运动负荷,最终提升动作的稳定性。

(二)身体素质训练

身体素质是每一名运动员的基本功,竞技健美操运动员在比赛中是否能够成功完成成套动作,是否能充分地表现自己,都需要具有过硬的身体素质。在各项身体素质中，影响最为明显的是力量素质、柔韧素质和协调灵敏素质。因此在竞技健美操表现力训练中要将这几方面身体素质的训练重视起来。

1. 健美操力量训练

(1)上肢力量

①一般练习

第一，练习者根据自己的身体情况，选择合适的负重，横握杠铃做臂屈伸练习。

第二，上举杠铃做臂屈伸练习。

第三，杠铃上举练习。

第四，负重屈腕练习。

②专项练习

A. 基础训练阶段

第一，俯卧撑练习。

第二，俯撑击掌练习。

第三，双杠支撑移动(或摆动)练习。

第四，倒立推(或爬行)练习。

第五，双杠屈臂撑练习等。

B. 专项提高阶段

第一，计时完成单臂俯卧撑、负重俯卧撑、自由倒地成俯撑等练习。

第二，跳起成俯撑练习。

(2)下肢力量

①一般练习

第一，负重蹲跳练习。

第二，负重提踵练习。

第三，立定跳远、跳绳等练习。

②专项练习

A. 基础训练阶段

第一，连续团身跳练习。

第二，原地屈体分腿跳练习。

第三，单脚或双脚连续跳练习等。

B. 专项提高阶段

第一,原地连续吸腿跳练习。

第二,原地连续屈体分腿跳练习。

第三,负重屈体分腿跳练习。

第四,扶肋木向不同方向的快速踢腿练习等。

(3)躯干力量

①一般练习

第一,单杠引体向上练习。

第二,硬拉练习。

第三,仰卧起坐、悬垂举腿等练习。

②专项练习

A. 基础训练阶段

第一,控腹练习。

第二,分腿支撑与直角支撑交替练习等。

B. 专项提高阶段

第一,专门性分腿支撑转体练习。

第二,专门性直角支撑转体练习等。

2. 健美操柔韧性训练

(1)上肢柔韧性

①徒手体操中各种活动肩、肘关节的动作练习。

②双手握肋木,直臂压肩韧带练习。

③双手体后握肋木,向前探肩练习。

④与同伴互扶俯身,正侧压肩练习。

(2)下肢柔韧性

①正压腿练习

支撑腿脚尖朝前,支撑腿膝关节伸直,髋关节摆正,非支撑腿伸直,脚面外开,挺胸抬头,上体稍前屈。

②后压腿练习

髋关节摆正,支撑腿屈膝,非支撑腿伸直,膝和脚面稍微外展,挺胸抬头,向后仰上体同时压胯。

③侧压腿练习

支撑腿脚尖、膝盖所指的方向与非支撑腿保持垂直，支撑腿膝关节伸直，髋关节充分展开，非支撑腿膝关节伸直，脚面朝上，挺胸抬头，上体侧屈。

④高抬腿练习

正对高度适宜的桌子，一条腿抬起放在桌上，停留片刻换另一条腿，交替几次后侧对桌子、背对桌子分别练习。

⑤搬腿练习

靠墙而立，上体静止不动，教练帮助其进行不同方向的搬腿练习，可逐渐增加力量。

⑥劈叉控腿练习

可前后、左右劈叉下压腿，充分拉"胯"，然后向正前方、侧方、后方三个方向分别举腿。

(3)躯干柔韧性

①体侧转练习

两脚开立，两臂侧平举，躯干最大限度左转，保持 10 秒，然后右转，保持 10 秒。

②体侧屈练习

两脚开立，双手在头顶上方握住，双手带动躯干尽可能侧屈，保持 10 秒。

③体后屈练习

双手握紧肋木，两脚开立，挺胸抬头，上体后仰到最大限度，保持 10 秒。

3. 健美操协调与灵敏性训练

(1)手臂训练

①单一动作练习

第一，手臂屈伸练习。

第二，手臂外展和内收练习。

第三，手臂旋转和环动练习。

第四，手臂回旋练习等。

②组合动作练习

将单一练习动作编排为组合动作，结合音乐伴奏进行练习。

(2)步法训练

首先进行简单步伐练习，再进行难度步伐练习，其次将各种步伐动作组合起来进行练习，提高腿部的协调性。最后结合音乐进行步伐练习。

(3)上、下肢配合训练

先进行手臂练习和步伐练习，然后将上下肢动作结合起来进行协调配合练习，提高上下肢的协调性。

在上下肢配合练习中，先保持下肢动作不变，配合手臂动作进行练习，然后两拍一动练习，最后一拍一动练习。

(三)心理素质训练

优秀的竞技健美操运动员身体素质都很强，技术水平都很高，在体能和技术水平相当的情况下，决定比赛结果的因素就转移到运动员的心理素质上。竞技健美操是“高、难、美”竞技运动，运动员训练与比赛的过程是身体活动与心理活动的统一，健美操运动员要在有限的时空环境下高质量地完成比赛动作，并通过动作表达自己的情感，展现自己的气质，彰显健美操的艺术表现力及艺术内涵，这些都对运动员的心理素质提出了较高的要求。健美操动作完成的质量直接受运动员心理素质的影响，心理素质较差的运动员很难在完成动作的过程中通过表情和肢体语言流露真实情感，这样会弱化运动员的表现力，难以吸引与感染广大观众。因此，在竞技健美操表现力教学与训练中，要将心理素质的培养与训练纳入训练计划中，将这方面的训练重视起来。

下面具体分析自信心训练和应变能力训练。

1. 自信心训练

运动员的企图心对于获得优异成绩是内在的关键因素。学生学习健美操的过程也是一样的道理，如果仅仅是为了简单地了解一下，掌握基本的运动技能，作为日常生活中的一个休闲项目，那么未尝不可。但是如果想要达到非常娴熟和优秀的水平，或者想要取得好的比赛成绩，首先要有这份渴望和期待，然后转换为强大的动力，在这份动力下表现出自己最好的一面。运动员渴望获胜不能仅仅只是内心想想而已，而要有信心相信自己可以获胜并能为之努力。如果没有自信，哪怕对冠军有强烈的期待与渴望，也很难迈出关键的一步。所以在健美操心理素质训练中，要通过自信心训练来帮助运动员建立自信。

培养运动员的自信心，不能一味地夸奖和毫无原则地吹捧，这会使运动员盲目自信甚至自负。帮助运动员建立自信，需要教练员多与运动员交流和沟通，这种互动应该深入情感和心理的层面，教练员要善于运用鼓励法、激励法来引导运动员突破自己，多赞美运动员的优势与长处，同时要诚恳地指出运动员的问题与不足，使运动员在不断改正与完善的过程中树立自信心，在比赛中展现自己的自信与魅力，超水平完成比赛任务。

2. 应变能力训练

竞技比赛场上情况瞬息万变，发生超出意料之外的事也是正常的，而遇到意外情况或出现自己已有能力解决不了的事情时，运动员能否快速调整身体和心理状态，灵活应对与解决问题，这是决定比赛胜负的一个关键，这对运动员的应变能力提出了较高的要求。缺乏应变能力的运动员一旦遇到突发事件，就会乱了阵脚，心理负担沉重，在慌乱之中频频出错，最终导致比赛结果差。有时当比赛环境出现意外情况而不得不中止比赛时，心理素质差的运动员也不善于利用暂停时间调整状态，反而担惊害怕，而且在重返赛场后也无法保持之前的比赛状态，竞技状态前后有明显差距。对此，在日常健美操表现力训练中，要有意识地培养运动员应对突发情况和解决突发问题的能力，使其在千变万化的比赛环境下依然能够从容比赛、自信发挥，表现竞技健美操的艺术魅力。

(四)音乐素养训练

音乐素养对学好健美操非常关键。对竞技健美操运动尤其是成套动作而言，音乐就是灵魂一般的存在，没有了音乐，成套动作便没有了生命力。运动员能否正确理解与深刻体会成套动作，直接影响其艺术表现力，而了解音乐、音乐修养高是运动员体会成套动作的基础条件。所以，在竞技健美操表现力训练中不能忽视培养运动员的音乐素养。

在音乐素养训练中，首先要培养运动员对音乐的感知觉能力，也就是培养乐感，最好的方法就是多听优秀的音乐作品，用心体会，在听音乐的过程中在大脑中勾画技术动作。结合音乐进行训练时，要做好动作力度、节奏与音乐旋律的配合，从而充分展示健美操动作的表现力。

（五）舞蹈基础训练

舞蹈训练有助于提高健美操运动员的基本素质，有助于提升运动员的艺术修养。运动员在日常训练中要注意多积累舞蹈元素，尝试不同风格的舞蹈，体会不同舞蹈的不同表现力。

参考文献

[1]宁宇航. 北京市高等体育院校健美操教学中落实“课程思政”理念的发展对策研究[D]. 首都体育学院,2022.

[2]李亚丽. 高校健美操教学中落实课程思政教育的实践路径探析[J]. 品位·经典,2022(02):143-145.

[3]邹淼. 高校大众健美操的体育价值及教学原则[J]. 科技资讯,2020,18(28):234-236.

[4]温宇蓉. 高校健美操课蕴含的美育和德育价值研究[J]. 山西能源学院学报,2020,33(03):53-55.

[5]何红娟. “思政课程”到“课程思政”发展的内在逻辑及建构策略[J].思想政治教育研究,2017,33(05):60-64.

[6]向延平. 高校课程思政体系研究[J]. 滨州学院学报,2021,37(01):66-70.

[7]周晔,陈茜. 建构“课程思政”育人体系[J]. 北京教育(高教),2022, 951(01):69-71.

[8]王艳辉,张淑娟,汤艳玲等. 课程思政教育的背景和意义[J]. 畜牧兽医科技信息,2022,No. 542(02):21-23.

[9]顾润生. 思政课程与课程思政同向同行[J]. 江苏教育,2021,1502(75):7-11+15.

[10]赵倩. 艺术类专业“课程思政”建设研究[D]. 昆明理工大学,2021.

[11]冯岩. 高校健美操“课程思政”教学实施路径研究[D]. 郑州大学,2021.

[12]葛菁,邵恩乐,陈珊等. 课程思政对健美操课程的影响[J]. 牡丹江师范学院学报(自然科学版),2021, 117(04):65-67.

[13]朱梦洁:“课程思政”的探索与实践——以专业课为视角[D].上海外国语大学,2018.

[14]赵浚.审美育人:构筑人之精神世界的德育——从美育视角看德育哲学的价值实践[D].贵州社会科学,2018.

[15]周旭.高校健美操的教学方法与教学原则[J].才智,2010(11):102.

[16]王泽锋,刘春秀.浅谈高校健美操教学的原则及方法[J].河南职业技术师范学院学报(职业教育版),2008,104(04):117-118.

[17]陆芸,王恒富.正确价值引领下的思政课教学评价设计[J].中学政治教学参考,2021,817(25):30-32.

[18]陈琛.健美操的艺术价值和美育功能[J].大舞台,2012(09):215-216.

[19]侯丽婕.浅析健美操美学特征的表现形式[J].体育世界学术版,2016(01):135-136.

[20]金燕.论健美操的艺术价值和美育功能[J].广州体育学院学报,2003(05):110-111.

[21]夏君玫大众健美操的哲学内涵与多元价值[J].武汉体育学院学报,2007(08):93-96.

[22]席菲菲.健美操的审美价值研究[D].苏州大学,2008.

[23]刘汉玲.课程思政视域下高校健美操的教学改革路径探讨[J].尚舞,2020(12):98-99.

[24]陈惜娜,廖佩文,杨大本.窥探高校健美操“课程思政”的构建与实施——以广州大学为例[J].体育科技文献通报,2020,28(11):86-87.

[25]蔡金兴.课程思政背景下上海市普通高中生体育品德研究[D].上海体育学院,2020.

[26]陈红华.课程思政视域下成人高校健美操课程混合式教学模式构建[J].现代职业教育,2020(23):48-49.

[27]张巧云,韩智超.课程思政理念下高职院校健美操课程教学改革探究[J].广东职业技术教育与研究,2020(01):63-66.

[28]丁杰“课程思政”融入高校体育专业教学路径探析[J].现代交际,2020(22):159-161.

[29]盛宁宁.“课程思政”融入艺术体操课对留学生教育影响的研究[J].辽宁体育科技,2020,42(06):116-118.

[30]杨祥，王强，高建. 课程思政是方法不是“加法”——金课、一流课程及课程教材的认识和实践[J]. 中国高等教育，2020(08)：4-5.

[31]赵兴奎. 大学生民族文化责任心状况调查[J]. 牡丹江师范学院学报：社科版，2021(01)：105-112.

[32]徐国华，李树伟. 学校体育与终身体育刍议[J]. 牡丹江师范学院学报：社科版，2019(04)：58-60.

[33]刘佳. 中国语境下“立德树人”思想发展管窥[J]. 苏州大学学报：教育科学版，2019，7(01)：78-88.

[34]赵锋，孔军，陈广宇等. 立德树人为什么——深入学习习近平总书记关于教育的重要论述[J]. 北京教育：高教，2021(03)：4-19.

[35]江秋菊，吴伟涛，黄林成. 高校隐性思想政治教育资源开发的实效[J]. 广东水利电力职业技术学院学报，2017，15(03)：58-61.

[36]夏君玫，黄益苏健美操价值观的哲学剖析[J]. 湖南医科大学学报(社会科学版)，2006(08)：37-38.